beck'sche reihe

W0192466

bsr

Albert Schweitzer gehört zu den wichtigsten Denkern der Tierschutzbewegung. Seine Lehre von der Ehrfurcht vor dem Leben schließt den Respekt vor allen Tieren selbstverständlich ein. Die verstreuten Texte Albert Schweitzers zur Tierethik in einem Band zu versammeln war daher längst überfällig. Der Band enthält autobiographische Texte, in denen Schweitzer eindringlich erzählt, wie er von Kindheit an für das Leiden von Tieren sensibilisiert wurde oder wie in seinem Spital in Lambarene Affen, Gazellen, Pelikane und andere Tiere als Gefährten und Patienten ernst genommen wurden. Den Mittelpunkt bilden philosophische, theologische und kulturgeschichtliche Überlegungen zur Tierethik, in denen Schweitzer nach der Rolle der großen Religionen und des modernen Denkens für unser Verhältnis zu den Tieren fragt. Die von Erich Gräßer ausgewählten und eingeleiteten Texte sprechen den Leser unmittelbar an. In einer Zeit, in der Massentötungen von Tieren an der Tagesordnung sind, haben sie nichts von ihrer Aktualität eingebüßt.

Albert Schweitzer, am 14. Januar 1875 im Oberelsass geboren, studierte Theologie und Philosophie, promovierte in beiden Fächern und habilitierte sich 1902 in Straßburg. Von 1905 bis 1912 studierte er Medizin, um 1913 als Tropenarzt nach Lambarene im heutigen Gabun zu gehen. Im Ersten Weltkrieg als feindlicher Ausländer interniert und dann ausgewiesen, kehrte er 1924 nach Lambarene zurück und lebte und arbeitete dort, von Reisen unterbrochen, bis zu seinem Tod am 4. September 1965.

Erich Gräßer, geb. 1927, ist Professor em. für Neues Testament an der Evangelisch-Theologischen Fakultät der Universität Bonn und war jahrelang Präsident der Wissenschaftlichen Albert-Schweitzer-Gesellschaft. Er ist Mitherausgeber der bei C. H. Beck erscheinenden *Werke aus dem Nachlaß* von Albert Schweitzer. Einer größeren Leserschaft ist er durch zahlreiche Publikationen zum Tierschutz bekannt.

Albert Schweitzer

Ehrfurcht vor den Tieren

Herausgegeben von Erich Gräßer

Verlag C. H. Beck

Mit 10 Abbildungen
© Erica Anderson und Albert-Schweitzer-Archiv, Günsbach

Originalausgabe

© Verlag C. H. Beck oHG, München 2006
Satz: Fotosatz Amann, Aichstetten
Druck und Bindung: Druckerei C. H. Beck, Nördlingen
Umschlagentwurf: +malsy, Willich
Umschlagbild: Albert Schweitzer in Gabun, 1958;
© Keystone/Wieser Photopress-Archiv
ISBN-10: 3 406 54155 0
ISBN-13: 978 3 406 54155 1

www.beck.de

Inhalt

Vorwort

Der am 14. Januar 1875 in Kaysersberg im Oberelsass geborene Albert Schweitzer ist zweifellos eine der bekanntesten Persönlichkeiten des vorigen Jahrhunderts. Im liberal geprägten protestantischen Pfarrhaus in Günsbach, wohin der Vater, Pfarrer Ludwig Schweitzer, noch im gleichen Jahr überwechselte, verbrachte Schweitzer eine insgesamt glückliche Kindheit und Jugendzeit. Allerdings gesteht er: «Solange ich zurückblicken kann, habe ich unter dem vielen Elend, das ich in der Welt sah, gelitten. Unbefangene, jugendliche Lebensfreude habe ich eigentlich nie gekannt [...] Insbesondere litt ich darunter, dass die armen Tiere so viel Schmerz und Not auszustehen haben. Der Anblick eines alten hinkenden Pferdes, das ein Mann hinter sich herzerrte, während ein anderer mit einem Stecken auf es einschlug – es wurde nach Kolmar ins Schlachthaus getrieben –, hat mich wochenlang verfolgt» (GW I, 275).[*] Daher machte die Tierschutzbewegung, die in Schweitzers Jugend aufkam, einen großen Eindruck auf ihn: «Endlich wagten es Menschen, in der Öffentlichkeit aufzutreten und zu verkündigen, dass das Mitleid mit den Tieren etwas Natürliches sei, das zur wahren Menschlichkeit gehöre, und dass man sich dieser Erkenntnis nicht verschließen dürfe. Ich hatte den Eindruck, dass ein neues Licht in dem Dunkel der Ideen aufgegangen sei und stetig zunehmen werde» (GW V, 173). «Was noch vielfach als unangebrachte Sentimentalität angesehen wurde, wird mehr und mehr ernst genommen. Tierschutzvereine treten ins Leben. Sie begnügen sich nicht damit, erzieherisch zu wirken, sondern verlangen und erreichen es, dass die Gesetzgebung sich der Geschöpfe annimmt und das mitleidlose Verfahren mit ihnen ahndet» (Kulturphilosophie III/3, 151).

Günsbach, das kleine elsässische Dorf, in dem Schweitzer seine Kindheit und Jugend verbrachte, wurde ihm später durch den Bau seines eigenen Hauses (1928), das heute Archiv und Museum ist, zur

---

[*] Zu diesem Kürzel und den im Folgenden in Klammern stehenden Stichworten siehe die einleitende Bemerkung zum Quellenverzeichnis unten Seite 159

bleibenden Heimat. Ab 1893 studierte der Vielbegabte von hier aus an der Universität Straßburg – kurzzeitig auch in Paris und Berlin – Theologie und Philosophie. Daneben nahm er Orgelunterricht bei Charles-Marie Widor, dem bedeutenden Komponisten und Organisten an der Kirche St. Sulpice in Paris.

In den Pfingstferien 1896 legte Schweitzer vor sich selbst das Gelöbnis ab, sich nach dem dreißigsten Lebensjahr einem «unmittelbaren menschlichen Dienen zu weihen» (GW I, 99). Das führte später (1904) zu der Entscheidung, als Tropenarzt und Missionar nach Afrika zu gehen. Bis dahin aber gab er sich ganz dem von ihm meisterhaft beherrschten Orgelspiel und der Wissenschaft hin. Schweitzer promovierte in drei Fakultäten, in der philosophischen (1899), der theologischen (1900) und der medizinischen (1913). Daneben fand er Zeit für seine Bach-Studien und schrieb das heute noch als Standardwerk geltende musizierpraktische Buch mit dem schlichten Titel *J. S. Bach*, zunächst in französischer Sprache (Paris/Leipzig 1905), dann – in fast doppelter Länge – auch in deutscher Sprache (Leipzig 1908).

Nach beiden theologischen Examina war Schweitzer bereits 1900 im Alter von fünfundzwanzig Jahren ordiniert und der Kirche St. Nicolai in Straßburg als Vikar zugewiesen worden. Von nun an stand er fast Sonntag für Sonntag als Prediger auf der Kanzel. Das Predigtamt hat er mit großer innerer Überzeugung ununterbrochen bis 1912 beibehalten. Gleichzeitig hielt er als inzwischen für das Fach Neues Testament habilitierter Privatdozent regelmäßig Vorlesungen an der Theologischen Fakultät der Universität Straßburg.

Alle diese Tätigkeiten endeten mit der Ausreise nach Afrika, zu der Schweitzer im März 1913 aufbrach. Nur wenige verstanden damals, dass er seine überaus erfolgreiche Doppelkarriere in Kunst und Wissenschaft aufgab, um stattdessen Kranke im Urwald zu heilen. Er aber war sich sicher, dass er berufen sei, der von Jesus verkündeten Liebe in dessen Nachfolge zu dienen (GW I, 103).

Zusammen mit seiner Frau Helene Schweitzer-Bresslau baute er in Lambarene im zentralafrikanischen Gabun mit eigenen Händen das Urwaldspital, das bald schon als Symbol der Menschlichkeit weltweit bekannt wurde. Hier lebte und arbeitete Schweitzer mehr als dreißig Jahre, unterbrochen nur durch mehrere Europaaufenthalte, bei denen er durch Orgelkonzerte und Vorträge das für sein Spital notwendige Geld erwarb.

Noch bis in die letzten Lebensjahre war er mit Bauarbeiten zur Erweiterung des Spitals beschäftigt. Schweitzer starb am 4. September 1965 im 91. Lebensjahr in Lambarene, wo er am darauf folgenden Tag auf dem kleinen Friedhof vor dem «Doktorhaus» beigesetzt wurde, auf dem schon acht Jahre zuvor seine Frau ihre letzte Ruhestätte gefunden hatte.

Schweitzer war erstaunlich vielseitig begabt: Er war Theologe, Philosoph, Bach-Forscher, Orgelvirtuose, Orgelbaufachmann, Tropenarzt, Baumeister und nicht zuletzt auch Schriftsteller von hohem Rang. Seine beiden Autobiographien *Aus meiner Kindheit und Jugendzeit* (München 1924) und *Aus meinem Leben und Denken* (Leipzig 1931) gehören zur Weltliteratur. Was jedoch seinen Namen zu einem Synonym für Humanität werden ließ, war neben den Friedensappellen die ärztliche und missionarische Tätigkeit in Lambarene. Mit ihr richtete er einen Leuchtturm der Menschlichkeit auf, nicht nur im dunklen Afrika, sondern weltweit.

Schon während der Studienjahre hatte Schweitzer das Bewusstsein, in einer Zeit der Dekadenz zu leben, was durch das schon früh entstandene, aber erst 2005 aus dem Nachlass veröffentlichte Werk *Wir Epigonen. Kultur und Kulturstaat* klassisch bezeugt wird. Den Niedergang der Kultur lastete er der Philosophie an. Ihr warf er vor, sich als *reine Wissenschaft* zu verstehen, statt als *Humanität* gestaltend ins Leben einzugreifen.

Den Ausweg aus dieser Krise fand Schweitzer im Vordringen zu einer Idee, «in der *Welt- und Lebensbejahung und Ethik* miteinander enthalten sind» (GW I, 169). Er war überzeugt, diese Idee mit dem Begriff *Ehrfurcht vor dem Leben* gefunden zu haben. Schweitzer hat später berichtet, der Begriff sei ihm 1915 während einer Flussfahrt auf dem zentralafrikanischen Ogowe in einer Art Offenbarungserlebnis zugefallen: Beim Anblick von vier Nilpferden mit ihren Jungen, die auf einer Insel am Boot vorüberzogen, sei ihm urplötzlich das Wort «Ehrfurcht vor dem Leben» in den Sinn gekommen (s. unten S. 20 f.). In einem Brief vom 1. Februar 1962 schreibt er: «Erst durch das Wort *Ehrfurcht vor dem Leben*, das in jener Stunde geheimnisvoll und unbewusst in meinem Denken auftauchte, wurde mir klar, dass die Ethik durch die Berücksichtigung der ganzen Kreatur eine viel tiefere, eine größere Energie besitzen würde, weil wir durch sie in ein geistiges Verhältnis zum Universum gelangen würden.» Allerdings ist die Erinnerung Schweitzers, er habe den Begriff der Ehrfurcht vor dem Leben vorher nie gehört, zu korrigieren, denn tatsächlich hat er ihn bereits in einer Vorlesung vom 13. Februar 1912 gebraucht (vgl. Albert Schweitzer, Straßburger Vorlesungen. Hrsg. von E. Gräßer und J. Zürcher, München 1998, 693).

Schweitzer hatte erkannt, dass die bisher gängige Ethik es nicht vermochte, die Kultur wahrhaft ethisch zu beeinflussen. Den Grund dafür sah er darin, dass sie «zu eng» war: Sie beschäftigte sich nur mit dem Verhalten des Menschen zum Menschen, nicht aber mit seinem Verhalten zu allen lebenden Wesen, wodurch sie «vollständig und echt und lebendig» geworden wäre (GW V, 164).

Um sich zu vergewissern, wie es sich tatsächlich in dieser Sache verhält, hatte Schweitzer zu Beginn des vorigen Jahrhunderts die philosophischen Werke über Ethik daraufhin untersucht, was sie über unser Verhalten zur Kreatur zu sagen haben. Das Ergebnis war negativ. Die meisten betrachteten Tierschutz als etwas Nebensächliches, andere gingen erst gar nicht darauf ein. Viele Verfasser jener Werke hielten Mitleid mit den Tieren für keiner Beachtung wert, entweder weil man die Mitgeschöpfe auf einer niederen Daseinsstufe sah oder sie gar – wie der berühmte Philosoph René Descartes (1596–1650) – für bloße Automaten hielt, die nur scheinbar, aber nicht in Wirklichkeit Schmerz fühlen könnten. Mit ihnen dürfe man also nach Belieben verfahren (dagegen Albert Schweitzer, Kultur und Ethik, 215). Unter dem Einfluss des griechischen Denkens (Platon, Aristoteles, die Stoiker) war es zu der auch vom Christentum vertretenen Lehre gekommen, dass allein der Mensch eine unsterbliche Seele besitze, dass es folglich einen absoluten Unterschied zwischen den Menschen und den Geschöpfen gebe, Letztere eben nur – wie Schweitzer kritisiert – «als belebte Dinge» gelten, «die um des Menschen willen da sind und keinen Anspruch auf seine Teilnahme haben» (Kultur und Ethik, 213).

Für Schweitzer dagegen ist Ethik die «ins Grenzenlose erweiterte Verantwortung gegen alles was lebt» (GW II, 661). Sie hat «von der unmittelbarsten und umfassendsten Tatsache des Bewusstseins» auszugehen, die da lautet: «Ich bin Leben, das leben will, inmitten von Leben, das leben will» (GW II, 377). Von da aus war es nur ein kleiner Schritt bis zu der These: «Die wahre Ethik hat Welt-Weite. Alles Ethische geht auf ein einziges Grundprinzip des Ethischen, das der höchsten Erhaltung und Förderung von Leben, zurück.

Höchste Erhaltung des eigenen Lebens im Vollkommener-Werden und höchste Erhaltung von anderem Leben, in empfindender und helfender Hingabe an es: dies ist Ethik. Was wir Liebe nennen, ist seinem Wesen nach Ehrfurcht vor dem Leben [...] Ihrem Gebiete und ihren Forderungen nach ist die Ethik grenzenlos. Sie hat es mit allen Wesen, die in unseren Bereich treten, zu tun» (GW II, 659 f.). Für Schweitzer war es überhaupt keine Frage, «dass man der Forderung des gütigen Verhaltens gegen Tiere einen Platz auch in der philosophischen Ethik zuzugestehen habe». Dieser stünde es gut an, «den Freunden des Tierschutzes zu Hilfe zu kommen und ihr Unternehmen vom Standpunkt des Denkens aus zu rechtfertigen» (GW V, 177).

Schweitzer hält *die Brüderlichkeit nur zwischen den Menschen* für nicht ausreichend. «Brüderlichkeit ist nur vollständig, wenn wir sie zwischen uns und allen Lebewesen schaffen; denn jedes andere Lebewesen ist wie ich, jedes andere Lebewesen hat ebenfalls Angst davor, vernichtet zu werden. Es fürchtet den Schmerz, es strebt danach, glücklich zu sein. Alle Lebewesen sind gleich, und wenn wir das verstanden haben, dann wird unsere Humanität, werden die humanitären Gefühle so wahrhaftig in uns gegründet sein, dass wir nicht mehr nach dem Wert oder der Bedeutung dieses oder jenes Lebewesens fragen, sondern dass wir wissen, was wir ihm schuldig sind, wenn wir ihm auf unserem Lebensweg begegnen, dass wir uns um sein Schicksal kümmern und dass wir ihm helfen, wenn es uns braucht» (Vorträge, 223 f.).

Diese Sätze Schweitzers aus einem Vortrag, den er am 10. November 1959 in Paris gehalten hat, lassen uns verstehen, warum er den Regenwurm vom Asphalt, das Insekt aus dem Tümpel und «Ameisen, Unken und andere Tiere» aus der Baugrube rettete (GW II, 397; I, 667; s. unten S. 32). Er hat keine Möglichkeit ausgelassen, dort, wo es nötig und möglich war, Tieren Hilfe zu bringen, um «damit für einen Augenblick aus dem unbegreiflichen Grauen des Daseins herauszutreten» (GW II, 390).

In seinem Tropenspital in Lambarene war er ein barmherziger Samariter nicht nur für die Patienten, sondern auch für die Tiere. Ziegen, Hühner, Hunde, Katzen, Antilopen, Gazellen, Pelikane, verwaiste Äffchen, ein zugelaufenes Wildschwein, ein Papagei und anderes Getier, sie alle hatten Gastrecht im Spitalgelände, einige davon sogar in seinem Wohnraum. Selbst gegen eine über den Schreibtisch führende Ameisenstraße schritt er nicht ein (Von unseren Tieren, 15 f.). Schweitzer führte stets ein Säckchen Reis mit sich. Und wo immer es sich anbot, fütterte er daraus seine kleinen Schützlinge. Das war für ihn *gelebte* Ethik der Ehrfurcht vor dem Leben. Er fühlte sich genötigt, «gegen allen Willen zum Leben», der neben dem seinen im Dasein ist, sich teilnahmsvoll zu verhalten. Denn das ist «das Wesen des Guten: Leben erhalten, Leben fördern, Leben auf seinen höchsten Wert bringen. Das Wesen des Bösen ist: Leben vernichten, Leben schädigen, Leben in seiner Entwicklung hemmen … Alles, was ich einem Lebewesen Gutes erweise, ist im letzten Grunde Hilfe, die ich ihm zur Erhaltung und Förderung seines Daseins zuteil werden lasse» (GW V, 158).

Dabei war sich Schweitzer völlig darüber im Klaren, dass das Grundprinzip der Sittlichkeit – Ehrfurcht vor *allem* Leben – in unlösbare Konflikte führen kann. Der dafür geprägte Begriff «Selbstentzweiung des Willens zum Leben» (GW II, 381) zeigt das mit aller Klarheit: Leben lebt nur auf Kosten von anderem Leben! Daran wird deutlich: Welt und Ethik lassen sich nicht zusammendenken. Doch Schweitzer lässt das auf sich beruhen, weil es nicht das Entscheidende ist. «Das Entscheidende für unsere Lebensanschauung ist nicht unsere Erkenntnis der Welt, sondern die Bestimmtheit des Wollens, das in unserem Willen zum Leben gegeben ist» (GW II, 107).

Das entsprechende Credo hat Schweitzer bei der Entgegennahme des belgischen Joseph-Lemaire-Preises am 18. November 1955 klar formuliert: «Wir weisen alle Behauptungen zurück, die besagen, der Mensch sei der Herr der Schöpfung und Gebieter über alle anderen Geschöpfe. Wir beugen uns vor der Wirklichkeit. Wir wagen nicht mehr zu sagen, dass es Existenzen ohne Vernunft gibt, mit denen man umgehen kann, wie man will. Denn wir wissen, dass ein jedes Wesen ein Geheimnis ist wie unser eigenes Sein. Die arme Fliege, die herumläuft und die wir mit der Hand töten wollen, ist ins Dasein getreten wie wir. Sie kennt die Angst, sie kennt das Sehnen nach Glück; sie kennt die Angst, nicht mehr zu leben. Also ist unser Nächster nicht nur der Mensch. Unsere Nächsten sind alle Wesen. Deshalb glaube ich, dass der Begriff der Ehrfurcht vor dem Leben unseren Gedanken der Humanität mehr Tiefe, mehr Größe und mehr Wirksamkeit verleiht» (GW V, 165).

Die nachfolgende Textauswahl zeigt uns, wie sehr Albert Schweitzer in der Überzeugung lebte, dass die bisherige *relative Ethik* eine bereits verlorene Position verteidigt. Er war sich sicher, dass das Vordringen der *absoluten Ethik* nicht aufzuhalten sei. «Das Denken kann der Ethik der Ehrfurcht vor allem Leben und der Liebe zu allem Leben nicht entgehen.» Trotz aller Schwierigkeiten, welche die Forderungen der Liebe zu allen Geschöpfen mit sich brächten, werde die neue Ethik «die alte, begrenzte Ethik aufgeben und die grenzenlose anerkennen müssen» (GW V, 142).

Bis dahin ist es freilich noch ein weiter Weg! Zwar hat Schweitzer in seinen späten Jahren gerne darauf hingewiesen, er sei bewegt, «dass die Ethik der Ehrfurcht vor dem Leben kampflos ihren Weg in der Welt macht» (Brief des Neunundachtzigjährigen vom 26. Januar 1964).

Aber darin hat sich Schweitzer getäuscht. Die Ehrfurchtsethik geht – wenn überhaupt – nur *mühsam* ihren Weg. Nein, Schweitzers Wirkung ist in dieser Hinsicht eher gering. Seine biozentrische Ethik wird erstaunlicherweise nicht abgerufen, obwohl gerade mit ihr der drohenden Umweltzerstörung wirkungsvoll begegnet werden könnte. Gleichwohl gilt unverändert, «dass es noch eine große, leise Gemeinschaft all derer gibt, … die in ihm das große Vorbild eigenen Bemühens um ein menschenwürdiges Dasein ehren» (H. Steffahn, «Mein Leben ist mir ein Rätsel». Begegnungen mit Albert Schweitzer, Neukirchen-Vluyn 2005, 7). Und es gibt die Gemeinschaft derer, die in ihm das große Vorbild für ein tiergerechtes Verhalten sehen. Ihnen ist bewusst, dass die Mensch-Tier-Beziehung im Leben und Denken Schweitzers von zentraler Bedeutung war, dass er den über die menschliche Artgrenze hinaus erweiterten Humanitätsbegriff auch auf den Umgang mit nichtmenschlichem Leben ausgedehnt hat. Die entsprechenden Äußerungen sind zahlreich, finden sich jedoch weit verstreut über das literarische Gesamtwerk. Von daher schien es uns überfällig, sie einmal in einem Band zusammenzufassen. Ihre Sammlung macht deutlich, dass für Schweitzer die Ethik nur dann «wahre und völlige Ethik» ist, wenn sie «die Gütigkeit und das Erbarmen mit aller Kreatur, auch der armseligsten, mit einbezieht» (Brief vom 26. Januar 1964). Und sie stellt uns Schweitzers *Zielsetzung* klar vor Augen: «Die Ethik der Liebe zu allen Geschöpfen im Einzelnen auszudenken: dies ist die schwere Aufgabe, die unserer Zeit gestellt ist» (GW V, 142).

Die in diesem Buch zusammengestellte Textauswahl zeigt, wie konsequent Schweitzer dieser Zielsetzung gefolgt ist. Wir finden sie ebenso in den frühen Kindheitserinnerungen, in den autobiographischen und philosophischen Schriften, in den Predigten und nicht zuletzt auch in dem relativ umfangreichen systematischen Überblick über das Verhältnis von «Mensch und Kreatur in den Weltreligionen» (s. unten Seite 117–158). Das sind dann auch die Fundorte für unsere Texte. Sie sind fast ausnahmslos Schweitzers *Gesammelten Werken in fünf Bänden* (München 1974) und den *Werken aus dem Nachlaß* (München 1995–2006) entnommen. Textkritische Anmerkungen dieser Ausgabe wurden nicht in den vorliegenden Band übernommen; wer sich über sie informieren will, sei auf die wissenschaftliche Ausgabe verwiesen.

Bei so vielfältigen Texten Albert Schweitzers, deren Entstehung sich über Jahrzehnte hinzog, konnten Wiederholungen von Gedanken nicht vermieden werden. Der Leser möge sie als Unterstreichung dessen verstehen, was dem Ethiker Schweitzer besonders wichtig war.

Die Einführungen zu den Texten geben jeweils knapp Auskunft über deren biographischen, theologischen und ideengeschichtlichen Kontext. Die Anordnung der Texte folgt im Wesentlichen der Biographie Schweitzers.

Mir ist mancherlei Hilfe zuteil geworden. Johann Zürcher hat mir einige Texte allererst zugänglich gemacht und Korrekturen zu den Werken Albert Schweitzers übersandt, die mir nützlich waren. Meine Frau Ingeborg half mir beim Korrekturlesen. Ulrich Nolte vom Verlag C. H. Beck hat mir nicht nur durch die freundliche Art der Zusammenarbeit, sondern auch mit mancherlei Verbesserungsvorschlägen die Arbeit erleichtert. Ihnen allen gilt mein herzlicher Dank.

Bonn, im Januar 2006 *Erich Gräßer*

Autobiographische Texte

Im Jahr seiner zweiten Ausreise nach Afrika, 1924, veröffentlichte Albert Schweitzer seine erste Autobiographie. Sie trug den Titel Aus meiner Kindheit und Jugendzeit. *Das schmale Bändchen von nur 64 Seiten wurde in mehrere Sprachen übersetzt und erreichte eine hohe Auflagenzahl (64.–73. Tsd. 1963). Schweitzer erzählt darin von den Erlebnissen, die er als Kind einer elsässischen Pfarrfamilie, als Bub unter Dorfbuben und als Schüler hatte. Es sind Erlebnisse, die nach der charakterbildenden Seite hin für ihn von Bedeutung waren. Er beließ es jedoch nicht beim bloßen Erzählen, sondern schrieb «als Schlusswort zum Erzählten» auch «Gedanken» nieder, die ihn im Rückblick auf seine Jugend bewegten (GW I, 213). Dazu gehörte auch, dass ihn von Kindesbeinen an das Mitleid mit den gequälten Tieren bedrückte. Dass wir den Schmerz und Not leidenden Kreaturen beizustehen haben, wurde ihm sehr früh schon zur unerschütterlichen Überzeugung.*

In den Schlusssätzen der Kindheits- und Jugenderinnerungen kommt es zu einer Art Anverwandlung Schweitzers an Jesus als den Bergprediger. Nicht zu Unrecht wurde bemerkt, es liege «im Hoffnungscharakter dieser Sentenzen und in ihrer sanften Entschiedenheit etwas vom Stil der Seligpreisungen des Neuen Testaments» (H. Steffahn, Albert Schweitzer, Hamburg 1979, 38). In der Tat zitiert Schweitzer ganz am Schluss Jesu Seligpreisung der Sanftmütigen, die das Erdreich besitzen werden (Mt. 5,5). Zur »unermesslich tiefen Wahrheit», die diese Worte aussprechen, gehört für Schweitzer auch, dass es keine Tierquälerei mehr gibt, wo die Sanftmütigkeit in den Menschen zur Herrschaft kommt.

Die 1931 veröffentlichte zweite Autobiographie Albert Schweitzers Aus meinem Leben und Denken *ist wohl sein am weitesten verbreitetes Buch. Im Wesentlichen in Lambarene entstanden, berichtet sie von seinen Lebensstationen und dem vielfältigen Denken und Tun als Philosoph, Theologe, Bach-Forscher, Organist, Arzt und Missionar. Im Zentrum steht die Entstehung der* Ethik der Ehrfurcht vor dem Leben. *Die unprätentiöse Art des Berichtens vermittelt einen nachhaltigen Eindruck von der genialen Begabung Schweitzers auf all den genannten Gebieten, sowie von seiner entsagungsvollen Lebensführung und Tätigkeit als «Kulturpionier» in Afrika. Getragen wird das alles von einer geradezu unerschöpflichen ethischen Energie, die auch das damals noch gänzlich brachliegende Feld des Tierschutzes selbstverständlich mit einbezieht.*

Das Gebet des Kindes

Solange ich zurückblicken kann, habe ich unter dem vielen Elend, das ich in der Welt sah, gelitten. Unbefangene, jugendliche Lebensfreude habe ich eigentlich nie gekannt und glaube, dass es vielen Kindern ebenso ergeht, wenn sie auch äußerlich ganz froh und ganz sorglos scheinen.

Insbesondere litt ich darunter, dass die armen Tiere so viel Schmerz und Not auszustehen haben. Der Anblick eines alten hinkenden Pferdes, das ein Mann hinter sich herzerrte, während ein anderer mit einem Stecken auf es einschlug – es wurde nach Kolmar ins Schlachthaus getrieben –, hat mich wochenlang verfolgt.

Ganz unfassbar erschien mir – dies war schon, ehe ich in die Schule ging –, dass ich in meinem Abendgebete nur für Menschen beten sollte. Darum, wenn meine Mutter mit mir gebetet und mir den Gutenachtkuss gegeben hatte, betete ich heimlich noch ein von mir selbst verfasstes Zusatzgebet für alle lebendigen Wesen. Es lautete: «Lieber Gott. Schütze und segne alles, was Odem hat, bewahre es vor allem Übel, und lass es ruhig schlafen!»

Du sollst nicht töten und nicht quälen!

Einen tiefen Eindruck machte mir ein Erlebnis aus meinem siebenten oder achten Jahre. Heinrich Bräsch und ich hatten uns Schleudern aus Gummischnüren gemacht, mit denen man kleine Steine schleuderte. Es war im Frühjahr, in der Passionszeit. An einem Sonntagmorgen sagte er zu mir: «Komm, jetzt gehen wir in den Rebberg und schießen Vögel.» Dieser Vorschlag war mir schrecklich, aber ich wagte nicht zu widersprechen, aus Angst, er könnte mich auslachen. So kamen wir in die Nähe eines kahlen Baumes, auf dem die Vögel, ohne sich vor uns zu fürchten, lieblich in den Mor-

Das Dorf Günsbach im Elsass hat Schweitzer sein Leben lang als seine Heimat betrachtet. Am Rande von Günsbach baute er sich mit dem Geld des Goethe-Preises, der ihm 1928 von der Stadt Frankfurt verliehen wurde, ein Haus (nicht auf dem Bild), in dem heute ein Albert-Schweitzer-Museum und das Albert-Schweitzer-Archiv untergebracht sind.

gen hinaussangen. Sich wie ein jagender Indianer duckend, legte mein Begleiter einen Kiesel in das Leder seiner Schleuder und spannte dieselbe. Seinem gebieterischen Blick gehorchend, tat ich unter furchtbaren Gewissensbissen dasselbe, mir fest gelobend, danebenzuschießen. In demselben Augenblicke fingen die Kirchenglocken an, in den Sonnenschein und in den Gesang der Vögel hineinzuläuten. Es war das «Zeichen-Läuten», das dem Hauptläuten eine halbe Stunde voranging. Für mich war es eine Stimme aus dem Himmel. Ich tat die Schleuder weg, scheuchte die Vögel auf, dass sie wegflogen und vor der Schleuder meines Begleiters sicher waren, und floh nach Hause. Und immer wieder, wenn die Glocken der Passionszeit in Sonnenschein und kahle Bäume hinausklingen, denke ich ergriffen und dankbar daran, wie sie mir damals das Gebot «Du sollst nicht töten» ins Herz geläutet haben.

Von jenem Tage an habe ich gewagt, mich von der Menschenfurcht zu befreien. Wo meine innerste Überzeugung mit im Spiele war, gab ich jetzt auf die Meinung anderer weniger als vorher. Die

Scheu vor dem Ausgelachtwerden durch die Kameraden suchte ich zu verlernen.

Die Art, wie das Gebot, dass wir nicht töten und quälen sollen, an mir arbeitete, ist das große Erlebnis meiner Kindheit und Jugend. Neben ihm verblassen alle anderen.

Als ich noch nicht in die Schule ging, hatten wir einen gelben Hund namens Phylax. Wie manche Hunde konnte er keine Uniformen leiden und ging immer auf den Briefträger los. Also wurde ich angestellt, zur Stunde des Briefträgers Phylax, der bissig war und sich schon an einem Gendarmen vergangen hatte, in Zaum zu halten. Mit einer Gerte trieb ich ihn in einen Winkel des Hofs und ließ ihn nicht heraus, bis der Briefträger wieder fort war. Welch stolzes Gefühl, als Tierbändiger vor dem bellenden und zähnefletschenden Hund zu stehen und ihn mit Schlägen zu meistern, wenn er aus dem Winkel ausbrechen wollte! Aber das stolze Gefühl hielt nicht an. Wenn wir nachher wieder als Freunde beieinander saßen, klagte ich mich an, dass ich ihn geschlagen hatte. Ich wusste, dass ich ihn vom Briefträger auch abhalten könnte, wenn ich ihn beim Halsband fasste und streichelte. Wenn die fatale Stunde aber wieder kam, erlag ich wiederum dem Rausch, Tierbändiger zu sein [...]

In den Ferien durfte ich beim Nachbar Fuhrmann sein. Sein Brauner war schon etwas alt und engbrüstig. Er sollte nicht viel traben. In der Fuhrmannsleidenschaft ließ ich mich aber immer wieder hinreißen, ihn mit der Peitsche zum Traben anzutreiben, auch wenn ich wusste und fühlte, dass er müde war. Der Stolz, ein trabendes Pferd zu leiten, betörte mich. Der Mann ließ es zu, «um mir die Freude nicht zu verderben». Aber was wurde aus der Freude, wenn wir nach Hause kamen und ich beim Ausschirren bemerkte, was ich auf dem Wagen nicht so gesehen hatte, wie die Flanken des Tieres arbeiteten! Was nützte es, dass ich ihm in die müden Augen schaute und es stumm um Verzeihung bat? [...]

Einmal, ich war damals schon auf dem Gymnasium und in den Weihnachtsferien zu Hause, kutschierte ich im Schlitten. Aus dem Hause des Nachbars Löscher heraus sprang kläffend sein als böse bekannter Hund dem Pferde entgegen. Ich glaubte im Recht zu sein, ihm einen gut gezielten Peitschenschlag zu versetzen, obwohl er sichtlich nur aus Mutwillen auf den Schlitten zukam. Zu gut hatte ich gezielt. Ins Auge getroffen, wälzte er sich heulend im Schnee.

Seine klagende Stimme klang mir noch lange nach. Durch Wochen hindurch konnte ich sie nicht loswerden.

Zweimal habe ich mit andern Knaben mit der Angel gefischt. Dann verbot mir das Grauen vor der Misshandlung der aufgespießten Würmer und vor dem Zerreißen der Mäuler der gefangenen Fische, weiter mitzumachen. Ja, ich fand sogar den Mut, andere vom Fischen abzuhalten.

Aus solchen mir das Herz bewegenden und mich oft beschämenden Erlebnissen entstand in mir langsam die unerschütterliche Überzeugung, dass wir Tod und Leid über ein anderes Wesen nur bringen dürfen, wenn eine unentrinnbare Notwendigkeit dafür vorliegt, und dass wir alle das Grausige empfinden müssen, das darin liegt, dass wir aus Gedankenlosigkeit leiden machen und töten. Immer stärker hat mich diese Überzeugung beherrscht. Immer mehr wurde mir gewiss, dass wir im Grunde alle so denken und es nur nicht zu bekennen und zu bestätigen wagen, weil wir fürchten, von den andern als «sentimental» belächelt zu werden, und auch weil wir uns abstumpfen lassen. Ich aber gelobte mir, mich niemals abstumpfen zu lassen und den Vorwurf der Sentimentalität niemals zu fürchten.

Auf der Suche nach dem sittlichen Grundprinzip

Mit dem Kriegsbeginn 1914 wurde der damals deutsche Elsässer Albert Schweitzer im französischen Gabun zum «feindlichen Ausländer». Er musste seine Spitalarbeit vorläufig aufgeben und fand dadurch Zeit, über die ihn lange schon beschäftigenden Fragen nach Ursachen und Folgen des Kulturniedergangs nachzudenken sowie nach Wegen zu suchen, die aus der ethischen Erschlaffung herausführen. Er fragte: Was ist das wahrhaft Ethische? Welches sind die wirklichen Kulturideale? Was ist überhaupt Kultur? Letzteres wurde zu der Schweitzers Denken beherrschenden Leitfrage. Die Definition, das Wesentliche der Kultur sei «die ethische Vollendung der einzelnen wie der Gesellschaft» (GW I, 161), brachte ihn zu der weiteren Frage, mit der er monatelang rang: Gibt es eine ethische Vernunftidee, auf der alle Kultur beruht? Oder anders gefragt: Welches ist das im Denken gründende Grundgesetz des Guten?

Den Durchbruch brachte im September 1915 ein Zufallsereignis, das für Schweitzer zugleich Offenbarungscharakter hatte. Es ließ ihn seine wohl bedeutsamste Intuition beim Anblick von Tieren empfangen: Tiere sind keine Menschen. Aber «es sind Mitgeschöpfe, *oft von unerhörter Eigenart und Schönheit, die den Menschen zuweilen zu höchsten geistigen Leistungen inspirieren können. Sie teilen mit ihm eine entscheidende Eigenschaft – das Leben – und erheben daher mit ihm denselben Anspruch: Ehrfurcht vor dem Leben» (Heini Hediger, in: Albert Schweitzer und die Tiere. Hrsg. vom Schweizer Hilfsverein für das Albert-Schweitzer-Spital in Lambarene, Vevey 1997, 30).*

Nunmehr hatte ich es mit der fundamentalen Frage zu tun, wie eine Dauer habende, tiefere und lebendigere ethische Kultur aufkommen könne.

Die Genugtuung, das Problem erkannt zu haben, hielt nicht lange an. Monat auf Monat verging, ohne dass ich in seiner Lösung auch nur um einen Schritt vorangekommen war. Alles, was ich aus der Philosophie über Ethik wusste, ließ mich im Stich.

Die armseligen Skizzen der Arbeit nahm ich mit mir, als ich mich mit meiner Frau, ihrer Gesundheit wegen, gegen Ende des Sommers 1915 nach Kap Lopez am Meer begab.

Im September 1915 bekam ich dort Nachricht, dass auf der Missionsstation N'Gômô die Frau des Schweizer Missionars Pelot erkrankt war und man mein Kommen erwartete.

Nun musste ich also auf dem Ogowefluss zweihundert Kilometer stromaufwärts fahren. Als einzige alsbaldige Fahrgelegenheit fand ich einen gerade im Abfahren begriffenen kleinen, alten Dampfer, der zwei überladene große Kähne zu schleppen hatte. An Bord befanden sich außer mir nur einige Schwarze. Da ich mich in der Eile nicht hatte verproviantieren können, erlaubten sie mir, aus ihrem Kochtopf mitzuessen.

Nur langsam kamen wir auf dem Strom, den wir hinauffuhren, voran. Es war die trockene Jahreszeit. Wir mussten uns unseren Weg zwischen großen Sandbänken hindurch suchen.

Ich saß auf einem der Schleppkähne. Ich hatte mir vorgenommen, auf dieser Fahrt ganz in das Problem des Aufkommens einer Kultur, die größere ethische Tiefe und Energie besäße als die unsere, versunken zu bleiben. Blatt um Blatt beschrieb ich mit unzusammenhängenden Sätzen, nur um auf das Problem konzentriert zu bleiben. Müdigkeit und Ratlosigkeit lähmten mein Denken.

Das friedliche Nebeneinander von Menschen und Tieren am Ogowe hat Schweitzer zu der Erkenntnis gebracht, dass eine umfassende Ethik alle Lebewesen einschließen muss.

Am Abend des dritten Tages, als wir uns beim Sonnenuntergang in der Nähe des Dorfes Igendja befanden, mussten wir an einer Insel in dem über einen Kilometer breiten Fluss entlangfahren. Auf einer Sandbank, zur Linken, wanderten vier Nilpferde mit ihren Jungen in derselben Richtung wie wir. Da kam ich, in meiner großen Müdigkeit und Verzagtheit plötzlich auf das Wort «Ehrfurcht vor dem Leben», das ich, so viel ich weiß, nie gehört und nie gelesen hatte. Alsbald begriff ich, dass es die Lösung des Problems, mit dem ich mich abquälte, in sich trug. Es ging mir auf, dass die Ethik, die nur mit unserem Verhältnis zu den andern Menschen zu tun hat, unvollständig ist und darum nicht die völlige Energie besitzen kann.

Solches vermag nur die Ethik der Ehrfurcht vor dem Leben. Durch sie kommen wir dazu, nicht nur mit Menschen, sondern mit aller in unserm Bereich befindlichen Kreatur in Beziehung zu stehen und mit ihrem Schicksal beschäftigt zu sein, um zu vermeiden, sie zu schädigen, und entschlossen zu sein, ihnen in ihrer Not beizustehen, soweit wir es vermögen. Klar war mir alsbald, dass diese elementare

21

völlige Ethik eine ganz andere Tiefe, eine ganz andere Lebendigkeit, eine ganz andere Energie besitze als die sich nur mit dem Menschen abgebende.

Durch die Ethik der Ehrfurcht vor dem Leben gelangen wir in ein geistiges Verhältnis zum Universum. Die Verinnerlichung, die wir durch sie erleben, verleiht uns den Willen und die Fähigkeit, eine geistige, ethische Kultur zu schaffen, durch die wir in einer höheren Weise als der bisherigen in der Welt daheim sind und in ihr wirken. Durch die Ethik der Ehrfurcht vor dem Leben werden wir andere Menschen.

Ich konnte es nicht fassen, dass mir der Weg zur tieferen und stärkeren Ethik, den ich vergebens gesucht hatte, wie im Traum offenbar geworden war.

Nun war ich fähig, das geplante Werk über Kultur und Ethik zu schreiben. [...]

Die fundamentale Tatsache des Bewusstseins des Menschen lautet: «Ich bin Leben, das leben will, inmitten von Leben, das leben will.»

Der denkend gewordene Mensch erlebt die Nötigung, allem Willen zum Leben die gleiche Ehrfurcht vor dem Leben entgegenzubringen wie dem seinen. Er erlebt das andere Leben in dem seinen. Als gut gilt ihm, Leben erhalten, Leben fördern, entwickelbares Leben auf seinen höchsten Wert bringen. Als böse: Leben vernichten, Leben schädigen, entwickelbares Leben niederhalten. Dies ist das denknotwendige, universelle, absolute Grundprinzip des Ethischen. Die bisherige Ethik ist unvollkommen, weil sie es nur mit dem Verhalten des Menschen zum Menschen zu tun zu haben glaubte. In Wirklichkeit aber handelt es sich darum, wie der Mensch sich zu allem Leben, in seinem Bereich befindlichem Leben, verhält. Ethisch ist er nur, wenn ihm das Leben als solches heilig ist, das der Menschen und das aller Kreatur.

Nur die Ethik des Erlebens der ins grenzenlose erweiterten Verantwortung gegen alles, was lebt, lässt sich im Denken begründen. Die Ethik des Verhaltens von Mensch zu Mensch ist nicht etwas für sich, sondern etwas, das sich aus jenem Allgemeinen ergibt. Die Ehrfurcht vor dem Leben, zu der wir Menschen gelangen müssen, begreift also alles in sich, was als Liebe, Hingebung, Mitleiden, Mitfreude, Mitstreben in Betracht kommen kann. Wir müssen uns von dem gedankenlosen Dahinleben frei machen.

Nun aber sind wir alle dem rätselhaften und grausigen Schicksal unterworfen, in die Lage zu kommen, unser Leben nur auf Kosten andern Lebens erhalten zu können und durch Schädigen, ja auch durch Vernichtung von Leben fort und fort schuldig zu werden.

Als ethische Wesen versuchen wir fort und fort, dieser Notwendigkeit, so weit es uns möglich ist, zu entrinnen. Wir dürsten danach, Humanität bewahren zu dürfen und Erlösung von Leiden bringen zu können.

Die in dem denkend gewordenen Willen zum Leben entstehende Ehrfurcht vor dem Leben enthält also Lebensbejahung und Ethik miteinander und ineinander. Sie geht darauf aus, Fortschritte zu verwirklichen und Werte zu schaffen, die der materiellen, geistigen und ethischen Höherentwicklung des Menschen und der Menschheit dienen.

Förderung und Errettung von Leben

Der folgende Text ist dem «Epilog» zu Schweitzers Autobiographie
Aus meinem Leben und Denken *entnommen. Am Ende steht das Datum: Lambarene, am 7. März 1931.*

Der Epilog ist als Ganzer ein bewegendes Zeugnis dafür, wie Schweitzer seine Aufgabe in der Welt versteht: Er will die Menschen «durch Denken innerlicher und besser machen» (GW I, 228). Zudem gesteht er ein, dass er nicht anders konnte, als alles Weh, das er um sich herum sah, dauernd mitzuerleben, und zwar «nicht nur das der Menschen, sondern auch das der Kreatur». Auf eine Erklärung des Übels in der Welt hat er verzichtet, stattdessen aber dazu aufgefordert, gerade deshalb unsern Weg als Menschen zu gehen, «die Erlösung bringen wollen» (GW I, 249 f.). Wie das geschehen kann, zeigen die zwei folgenden Texte.

Die Welt ist nicht nur Geschehen, sondern auch Leben. Zu dem Leben der Welt, soweit es in meinen Bereich tritt, habe ich mich nicht nur leidend, sondern auch tätig zu verhalten. Indem ich mich in den Dienst des Lebendigen stelle, gelange ich zu einem sinnvollen, auf die Welt gerichteten Tun.

So einfach und selbstverständlich sich die Ersetzung des unlebendigen Weltbegriffes durch die wirkliche, von Leben erfüllte Welt ausnimmt, wenn sie einmal vollzogen ist, so bedurfte es doch einer langen Evolution, bis sie möglich wurde. Wie das Gestein eines aus dem Meere emporgestiegenen Gebirges erst sichtbar wird, nachdem die es bedeckenden Kalkschichten nach und nach durch den Regen abgeschwemmt worden sind, also überlagert in den Fragen der Weltanschauung unsachliches Denken das sachliche.

Die Idee der Ehrfurcht vor dem Leben ergibt sich als die sachliche Lösung der sachlich gestellten Frage, wie der Mensch und die Welt zusammengehören. Von der Welt weiß der Mensch nur, dass alles, was ist, Erscheinung vom Willen zum Leben ist, wie er selber. Mit dieser Welt steht er im Verhältnis sowohl der Passivität wie der Aktivität. Einerseits ist er dem Geschehen unterworfen, das in dieser Gesamtheit von Leben gegeben ist; andererseits ist er fähig, hemmend oder fördernd, vernichtend oder erhaltend auf Leben, das in seinen Bereich kommt, einzuwirken.

Die einzige Möglichkeit, seinem Dasein einen Sinn zu geben, besteht darin, dass er sein natürliches Verhältnis zur Welt zu einem geistigen erhebt. Als erleidendes Wesen kommt er in ein geistiges Verhältnis zur Welt durch Resignation. Wahre Resignation besteht darin, dass der Mensch in seinem Unterworfensein unter das Weltgeschehen zur innerlichen Freiheit von den Schicksalen, die das Äußere seines Daseins ausmachen, hindurchdringt. Innerliche Freiheit will heißen, dass er die Kraft findet, mit allem Schweren in der Art fertig zu werden, dass er dadurch vertieft, verinnerlicht, geläutert, still und friedvoll wird. Resignation ist also die geistige und ethische Bejahung des eigenen Daseins. Nur der Mensch, der durch Resignation hindurchgegangen ist, ist der Weltbejahung fähig.

Als tätiges Wesen kommt er in ein geistiges Verhältnis zur Welt dadurch, dass er sein Leben nicht für sich lebt, sondern sich mit allem Leben, das in seinen Bereich kommt, eins weiß, dessen Schicksale in sich erlebt, ihm, so viel er nur immer kann, Hilfe bringt und solche durch ihn vollbrachte Förderung und Errettung von Leben als das tiefste Glück, dessen er teilhaftig werden kann, empfindet.

Wird der Mensch denkend über das Geheimnisvolle seines Lebens und der Beziehungen, die zwischen ihm und dem die Welt erfüllenden Leben bestehen, so kann er nicht anders, als daraufhin seinem eigenen Leben und allem Leben, das in seinen Bereich tritt, Ehrfurcht vor dem Leben entgegenzubringen und diese in ethischer Welt- und Lebensbejahung zu betätigen. Sein Dasein wird dadurch in jeder Hinsicht schwerer, als wenn er für sich lebte, zugleich aber auch reicher, schöner und glücklicher. Aus Dahinleben wird es jetzt wirkliches Erleben des Lebens.

Alles Leben ist heilig

Die absolute Ethik der Ehrfurcht vor dem Leben, die Schweitzer der bisherigen relativen Ethik entgegen setzt, kennt die Unterscheidung zwischen höherwertigem und minderwertigem Leben nicht. Ihr ist alles Leben gleich wertvoll.

Die Ethik der Ehrfurcht vor dem Leben ist die ins Universelle erweiterte Ethik der Liebe. Sie ist die als denknotwendig erkannte Ethik Jesu.

Beanstandet wird an ihr auch, dass sie dem natürlichen Leben einen zu großen Wert beilege. Darauf kann sie erwidern, dass es der Fehler aller bisherigen Ethik war, nicht das Leben als solches als den geheimnisvollen Wert erkannt zu haben, mit dem sie es zu tun hat. Alles geistige Leben tritt uns in natürlichem entgegen. Die Ehrfurcht vor dem Leben gilt also dem natürlichen und dem geistigen Leben miteinander. Der Mann im Gleichnis Jesu rettet nicht die Seele des verlorenen Schafes, sondern das ganze Schaf. Mit der Stärke der Ehrfurcht vor dem natürlichen Leben wächst die vor dem geistigen.

Besonders befremdlich findet man an der Ethik der Ehrfurcht vor dem Leben, dass sie den Unterschied zwischen höherem und niederem, wertvollerem und weniger wertvollem Leben nicht geltend mache. Sie hat ihre Gründe, dies zu unterlassen.

Das Unternehmen, allgemeingültige Wertunterschiede zwischen den Lebewesen zu statuieren, läuft darauf hinaus, sie danach zu beurteilen, ob sie uns Menschen nach unserm Empfinden näher oder ferner zu stehen scheinen, was ein ganz subjektiver Maßstab ist. Wer von uns weiß, was das andere Lebewesen an sich und in dem Weltganzen für eine Bedeutung hat?

Im Gefolge dieser Unterscheidung kommt dann die Ansicht auf, dass es wertloses Leben gäbe, dessen Schädigung und Vernichtung nichts auf sich habe. Unter wertlosem Leben werden dann, je nach den Umständen, Arten von Insekten oder primitive Völker verstanden.

Dem wahrhaft ethischen Menschen ist alles Leben heilig, auch das, das uns vom Menschenstandpunkt aus als tiefer stehend vorkommt. Unterschiede macht er nur von Fall zu Fall und unter dem Zwange der Notwendigkeit, wenn er nämlich in die Lage kommt, entscheiden zu müssen, welches Leben er zur Erhaltung des anderen zu opfern hat. Bei diesem Entscheiden von Fall zu Fall ist er sich bewusst, subjektiv und willkürlich zu verfahren und die Verantwortung für das geopferte Leben zu tragen zu haben.

Ich freue mich über die neuen Schlafkrankheitsmittel, die mir erlauben, Leben zu erhalten, wo ich früher qualvollem Siechtum zusehen musste. Jedes Mal aber, wenn ich unter dem Mikroskop die Erreger der Schlafkrankheit vor mir habe, kann ich doch nicht anders, als mir Gedanken darüber machen, dass ich dieses Leben vernichten muss, um anderes zu erretten.

Ich kaufe Eingeborenen einen jungen Fischadler ab, den sie auf einer Sandbank gefangen haben, um ihn aus ihren grausamen Händen zu erretten. Nun aber habe ich zu entscheiden, ob ich ihn verhungern lasse oder ob ich täglich soundso viele Fischlein töte, um ihn am Leben zu erhalten. Ich entschließe mich für das Letztere. Aber jeden Tag empfinde ich es als etwas Schweres, dass auf meine Verantwortung hin dieses Leben dem andern geopfert wird.

Mit der gesamten Kreatur unter dem Gesetz der Selbstentzweiung des Willens zum Leben stehend, kommt der Mensch fort und fort in die Lage, sein eigenes Leben wie auch Leben überhaupt nur auf Kosten von anderem Leben erhalten zu können. Ist er von der Ethik der Ehrfurcht vor dem Leben berührt, so schädigt und vernichtet er Leben nur aus Notwendigkeit, der er nicht entrinnen kann, niemals aus Gedankenlosigkeit. Wo er ein Freier ist, sucht er nach Gelegenheit, die Seligkeit zu kosten, Leben beistehen zu können und Leid und Vernichtung von ihm abzuwenden.

Dass die universelle Ethik der Ehrfurcht vor dem Leben das so vielfach als Sentimentalität hingestellte Mitleid mit dem Tiere als etwas, dem sich kein denkender Mensch entziehen könne, erweist, bereitet mir, der ich von Jugend auf der Tierschutzbewegung zugetan war, eine besondere Freude. Die bisherige Ethik stand dem Problem Mensch und Tier entweder verständnislos oder ratlos gegenüber. Auch wenn sie das Mitleid mit der Kreatur als richtig empfand, konnte sie es nicht unterbringen, weil sie ja eigentlich nur auf das Verhalten des Menschen zum Menschen eingestellt war.

Albert Schweitzer serviert einer Katze einen Leckerbissen.

Wann wird es dahin kommen, dass die öffentliche Meinung keine Volksbelustigungen mehr duldet, die in Misshandlung von Tieren bestehen!

Die in dem Denken entstehende Ethik ist also nicht «verstandesgemäß», sondern irrational und enthusiastisch. Sie steckt keinen klug abgemessenen Kreis von Pflichten ab, sondern legt dem Menschen die Verantwortung für alles Leben, das in seinem Bereich ist, auf und zwingt ihn, sich ihm helfend hinzugeben [...]

Die Weltanschauung der Ehrfurcht vor dem Leben hat also religiösen Charakter. Der Mensch, der sich zu ihr bekennt und sie betätigt, ist in elementarer Weise fromm.

Berichte aus Lambarene

Ankunft in Afrika

Am Karfreitag des Jahres 1913 brachen Albert Schweitzer und seine Frau Helene, vom elsässischen Günsbach aus, nach Afrika auf. Mit der französischen Kolonie «Äquatorialafrika» hatten sie sich für ihre Mission ein Gebiet gewählt, in dem Tierschutz im westlichen Sinne völlig unbekannt war. Den Afrikanern waren Tiere in erster Linie Nahrungslieferanten für Fleisch, Milch und Eier, oder sie waren Feinde, die man auf jede nur mögliche Weise tötete.

In Dakar, dem großen Hafen der Senegalkolonie, betraten meine Frau und ich zum ersten Mal die afrikanische Erde, der wir unser Leben widmen wollen. Es war uns feierlich zumute.

Ich werde Dakar kein gutes Andenken bewahren, weil ich immer an die Tierquälerei denken muss, die dort geübt wird. Die Stadt liegt auf einem großen Abhang, und die Straßen sind zum Teil noch in sehr üblem Zustande. Das Los der armen, den Negern ausgelieferten Zugtiere ist schrecklich. Ich habe nirgends so abgetriebene Pferde und Maultiere gesehen wie hier. Als ich dazukam, wie zwei Neger auf einem schwer mit Holz beladenen Wagen, der in der neu beschotterten Straße stecken geblieben war, mit Schreien auf ihr armes Tier einschlugen, brachte ich es nicht über mich, weiterzugehen, sondern zwang sie, abzusteigen und zu schieben, bis wir zu dritt den Wagen frei hatten. Sie waren sehr verdutzt, aber gehorchten, ohne zu widersprechen. «Wenn Sie keine Misshandlung der Tiere mit ansehen können, gehen Sie nicht nach Afrika», sagte mir der Leutnant auf dem Rückweg; «Sie werden hier in diesem Punkt viel Schreckliches schauen.»

In diesem Hafen haben wir Schwarze, größtenteils senegalesische Tirailleure mit Weib und Kind, an Bord genommen. Sie liegen auf dem Vorderdeck und kriechen am Abend bis über den Kopf in große Säcke, da sie unter freiem Himmel schlafen. Weiber und Kinder sind schwer mit Amuletten, die in Lederbeutelchen eingeschlossen werden, behangen. Sogar das Kind an der Mutterbrust ist davon nicht verschont.

Verzicht auf Jagd

Albert Schweitzer war klug genug, sich nicht ohne Gewehr in das fremde Land zwischen Wasser und Urwald zu begeben. Aber ein Jäger war er nicht und ist es auch in Afrika nie geworden.

Bei Herrn Missionar Cadier aßen wir zum ersten Mal Affenfleisch. Herr Cadier ist ein großer Jäger. Mit mir sind die Schwarzen etwas unzufrieden, weil ich wenig Gebrauch von meinem Gewehr mache. Als wir auf einer Fahrt an einem Kaiman vorbeikamen, der auf einem aus dem Wasser hervorragenden Baumstumpf schlief, und ich ihn betrachtete, statt auf ihn zu schießen, war mein Maß voll. «Mit dir ist auch gar nichts los», ließen mir die Ruderer durch ihren Sprecher erklären. «Wären wir mit Herrn Cadier, so hätte er uns schon längst ein oder zwei Affen und einige Vögel geschossen, dass wir Fleisch hätten. Du aber fährst gar am Kaiman vorüber und lässt dein Gewehr ruhig neben dir!»

Ich lasse den Vorwurf auf mir ruhen. Vögel, die über dem Wasser ihre Kreise ziehen, mag ich nicht schießen. Die Affen vollends sind vor meinem Gewehr sicher. Oft kann man drei oder vier nacheinander erlegen oder verwunden, ohne in ihren Besitz zu kommen. Sie bleiben im dichten Geäste des Baumes hängen oder fallen in Buschwerk, das in unbetretbarem Sumpf steht. Und findet man den Leichnam, so findet man oft zugleich ein armes kleines Äffchen, das sich mit Geschrei an die erkaltende Mutter klammert.

In der Hauptsache habe ich mein Gewehr nur, um Schlangen zu schießen, von denen es in Lambarene im Grase um mein Haus herum eine Unzahl gibt, und um die Raubvögel zu töten, die die Nester der Webervögel in den Palmen vor meinem Hause plündern.

Auf der Rückkehr von Samkita begegneten wir einer Herde von fünfzehn Nilpferden. Ein ganz junges erging sich auf der Sandbank, als die Herde sich schon ins Wasser gestürzt hatte, und wollte der Mutter, die es ängstlich zu sich rief, nicht gehorchen.

Der Pelikan

Eine herrliche Überraschung war für mich das Erscheinen des Mitteilungsblattes des Schüler-Tierschutzbundes, das den Titel *Der Pelikan von Lambarene* führte, weil darin von den Erlebnissen und Streichen des auf dem Dach meines Hauses lebenden Pelikans berichtet wurde. Die Bewohner von Lambarene und den umliegenden Dörfern kannten ihn gut. Tagsüber schwamm er auf dem Fluss herum, was die Leute sehr beeindruckte, weil die in unserer Gegend lebenden Pelikane sich nie auf ihm sehen ließen, weil sie sich vor den Menschen fürchteten. Sie fischten in dem Fluss nur, wo es keine Dörfer gab und keine Menschen in Booten auf ihm herumfuhren.

Die Scheu den Menschen gegenüber abgelegt zu haben, sollte meinem Pelikan, nachdem er einige Jahre in dieser Gegend sein Wesen gehabt hatte, zum Verhängnis werden. Eines Tages, gegen Abend, hörte ich einen Schuss auf dem Fluss, was [sonst] nie vorkam. Am andern Morgen war unser Pelikan nicht im Spital zu sehen. Wir erfuhren von Eingeborenen, dass ein in Lambarene frisch angekommener Europäer ihn erschossen hatte und stolz war, einen Pelikan erlegt zu haben. Als die Eingeborenen ihm klar machten, dass er den zahmen Pelikan des Spitals getötet hatte, wurde er traurig und schämte sich.

Der Nachfolger dieses Pelikans, ein stilles, liebes Tier, war nur drei Jahre bei uns. Ich verlor ihn auf dieselbe Weise wie seinen Vorgänger. Eines Abends hörte ich einen Schuss auf dem Fluss. Ich stürzte aus dem Haus. Da sah ich ihn in der Luft auf das Spital zufliegen. Schon wollte ich mich freuen, dass er nicht getroffen war. Da bemerkte ich, dass er flatterte. Er kam bis zu mir oben ans Haus auf dem Hügel und fiel da zu Boden. Er lebte noch vier Tage. Stundenlang saß ich bei ihm und streichelte ihn. Ich versuchte ihn zu ernähren. Es gelang nicht. Der Schrotschuss hatte seine Eingeweide verletzt. Den Ausdruck des Leidens in seinem Gesicht kann ich nicht vergessen.

Zu Pelikanen hatte Albert Schweitzer ein besonders enges Verhältnis.
Tristan, Lohengrin und Parsifal sind ihm an den Ogowe gefolgt.

Mitgefühl auch mit den kleinsten Tieren

*Albert Schweitzers Spital in Lambarene ist im Laufe von nur wenigen
Jahren zum weithin bekannten Symbol der Humanität geworden.
Hier hat er gelebt, was er gelehrt hat: Ehrfurcht vor dem Leben. Aber
das Spital war nicht nur die Stätte seiner ärztlichen und missiona-
rischen Tätigkeit, sondern er hat es eigenhändig mit aufgebaut. Auf
der Baustelle war er nicht weniger präsent als in der Ambulanz und
im Operationsraum. Und er hat auch beim Bau die auf alle nichtmenschlichen Wesen ausgeweitete Tierschutzethik praktiziert.*

Selten erscheint Fräulein Haußknecht, die Vielbeschäftigte, allein
auf dem Plan; ständig hängt ihr Fifi, das Schimpansenbaby, an der
Schürze. Vor einem Jahre, als sie kaum einige Tage alt war, wurde
Fifi zu uns gebracht. Ein schwarzer Jäger hatte ihr die Mutter erschossen. Anfangs fürchtete sich Fräulein Haußknecht vor dem
furchtbar hässlichen Geschöpf und wagte es nicht anzufassen. Aber
das Mitleid siegte über alle ästhetischen Hemmungen. Nun hat
Fifi das Zahnen überstanden und vermag schon allein mit dem Löf-
fel zu essen.

Seit einiger Zeit hat sie als Spielgefährtin ein etwas älteres Schim-
pansenkind, das uns ein Europäer bei seiner Heimkehr nach Europa
überließ, um es in guten Händen zu wissen.

Langsam bürgert sich die Gewohnheit ein, dass Europäer, die auf Urlaub nach Hause fahren, ihre Hunde bei uns abgeben. Sie wagen sie nicht den Schwarzen anzuvertrauen, weil diese aller Nachlässigkeiten und Grausamkeiten gegen die Tiere fähig sind.

Dass aber auch in den Wildesten der Wilden das Mitgefühl gegen die arme Kreatur geweckt werden kann, darf ich beim Setzen der Pfähle erleben. Ehe der Pfahl ins Loch kommt, sehe ich nach, ob nicht Ameisen, Unken oder andere Tiere hineingeraten sind, und hole sie mit der Hand heraus, dass sie nicht vom Pfahle zermalmt werden oder nachher beim Einstampfen von Stein und Erde zugrunde gehen. Denen, die mit mir am Werke sind, erkläre ich dieses Tun. Einige lächeln verlegen; andere lassen den oft so gehörten Spruch gleichgültig über sich ergehen. Eines Tages wird ein ganz Wilder, der mit mir Pfähle setzte, zu Frau Russell abkommandiert und haut mit anderen Gebüsch um. Als dabei eine Kröte sichtbar wird, will sein Nachbar sie mit dem Buschmesser erschlagen. Er aber fällt ihm in den Arm und entwickelt vor ihm und der aufhorchenden Mannschaft die Theorie, dass die Tiere auch vom lieben Gott geschaffen seien und dass dieser den Menschen, die sie gedankenlos quälen oder töten, ein großes Palaver machen werde. Dieser Wilde war der letzte, von dem ich angenommen hätte, dass mein Tun und Reden beim Setzen der Pfähle ihm Eindruck machen werde.

Von unseren Tieren in Lambarene

Als ich nach Afrika kam und sah, wie viel Arbeit die Europäer sich dort mit den Tieren aufladen, die sie sich als «Kameraden» halten, gelobte ich mir, sie mir zu ersparen. Nachher erging es mir aber wie den anderen.

In der ersten Versuchung zwar blieb ich standhaft. Es war nicht mein Verdienst. Ein durch mich von üblen Fußgeschwüren befreiter Europäer bot mir einen jungen Schimpansen zum Geschenk an. Es lockte mich, ein so wertvolles Tier zu besitzen. Aber meine Frau erklärte, dass die Haushaltung sowieso schon kompliziert genug sei, sie könne nicht noch einen Affen brauchen.

Man kann dort einen Affen nämlich nicht immer in einem Käfig halten, sondern muss ihn, wie alles Getier, das zum Hause gehört, den größten Teil der Zeit frei herumlaufen lassen. Dabei kann er dann seiner Erfindungsgabe für böse Streiche freien Lauf geben. Der Schimpanse ist darin großartig. Steht die Tür des Schlafzimmers auch nur einen Augenblick offen, so geht er hinein und legt sich ins Bett. Steckt ein Schlüssel an einem Schrank, so dreht er ihn zu, zieht ihn ab und versteckt ihn im Gras. Die Hühner ärgert er auf jede Weise. Wird ihnen Essen gestreut, so sitzt er auf der Veranda und tut, als ob er schliefe, bis sie ganz sicher sind. Dann, mit einem mächtigen Satze, springt er unter sie und freut sich, wenn sie schreiend auseinanderflattern. Nach fünf Minuten wiederholt er dasselbe Manöver.

Vom Schimpansen blieb ich also bewahrt. Aber beim ersten Papagei unterlagen meine Frau und ich miteinander der Versuchung. An Mariä-Himmelfahrt 1914 hatte ich einen Neger namens Aïnda, der durch einen eingeklemmten Bruch in Todesgefahr war, durch eine glückliche Operation gerettet. Da er als guter Koch bekannt war, ließ ich ihn versprechen, dass er uns aushelfen würde, wenn meine Frau einmal vorübergehend um einen Koch in Verlegenheit wäre. Eine europäische Frau kann dort nämlich nicht selbst kochen, weil sie die Hitze in der Küche nicht aushält. Der vorausgesehene Fall trat ein. Ich schickte, da meine Frau zudem noch leidend war und ich kranke Europäer in meinem Hause zu beherbergen hatte, Boten über Boten zu Aïnda, der etwa sechzig Kilometer weit weg wohnte. Er ließ uns aber im Stich.

Einige Zeit nachher sah ich eines Morgens einen merkwürdigen Zug vom Landungsplatz zu mir ins Spital kommen. Voran gingen zwei Männer, die trugen einen Pack mit gedörrten Fischen. «Diese Fische schenkt dir Aïnda.» Dann kam einer mit einem grauen Papagei. «Diesen Papagei schenkt dir Aïnda.» Und jetzt erschien Aïnda selbst, seine schwer erkrankte Frau stützend. Wie die kluge Abigaïl den erzürnten David (Erster Samuelis 25), so besänftigte er den Doktor von Lambarene.

Den Papagei sandte ich meiner Frau hinauf. Er fand Gnade vor ihren Augen. Mit diesem und noch zwei anderen Papageien, die wir in der Folge geschenkt erhielten – sie hießen Sakku und Kudeku –, lernten wir dieses Tier nun wirklich kennen.

Den Tag hindurch lässt man den Papagei frei herumlaufen. Er treibt sich auf der das ganze Haus umgebenden Veranda, in der neben dem Haus liegenden Küche und auf dem Hühnerhof herum. Nachts wird er in eine Kiste auf der Veranda gesetzt, dass er nicht den Schlangen und Wildkatzen zum Opfer fällt.

Unsere Papageien lernten nicht besonders viel sprechen, denn wir hatten nicht groß Zeit, uns mit ihnen abzugeben. Will man ihnen das Sprechen beibringen, so muss man es ihnen abends in der Dunkelheit und morgens vor Sonnenaufgang vorsagen. Unsere lernten nur, was sie so im täglichen Leben aufschnappten. Von ihrem früheren Umgang mit Negerköchen und Negerboys her verfügten sie noch über eine Reihe von Schimpfwörtern, die sie nur langsam aufgaben. Kudekus beliebteste Ausdrücke, als er frisch zu uns kam, waren «cochon» [Schwein] und «saligaud» [Schmutzfink].

Gewöhnlich meint man, dass ein Papagei ohne Sinn nachschwatzt. Dies mag der Fall bei dem Tiere sein, das in fortwährender Käfighaft verblödet. Bei dem Papagei aber, wie er in Afrika als freier Hausgenosse lebt, bemerkte ich zu meiner Überraschung, dass er nur spricht, was wirklich Sinn hat. Um sechs Uhr abends fütterte meine Frau die Hühner. Eine halbe Stunde zuvor rief Sakku sie, die Stimme der Herrin herrlich nachahmend, mit zärtlichem «Komm Bibi» zum Fressen herbei und lachte, wenn sie vergeblich angeschossen kamen. Wenn beim Mittagessen Knochen oder Fischköpfe für meinen Hund Caramba abfielen, rief und pfiff ich ihn vom Spital herauf. Wie oft hat ihn Sakku um dieselbe Stunde heraufgerufen und heraufgepfiffen und sich lachend an seiner Enttäuschung geweidet.

Wenn Sakku einen Neger auf mein Haus zukommen sah, klopfte er, wie er Menschen hatte anklopfen hören, mit dem Schnabel an die Tür, um den Ankömmling anzumelden. Er fühlte sich als Wächter des Hauses und litt nicht, dass Unbefugte auf die Treppe oder die Veranda kamen. Als Unbefugten sah er jeden Unbekannten an. Seines angemaßten Wächteramtes waltete er in der Art, dass er sich von hinten lautlos an den Ankömmling heranmachte und dann plötzlich sich mit seinem scharfen Schnabel in die Wade des Unglücklichen einhackte. Durch diese hinterlistige Wachsamkeit, zu der man sie in keiner Weise erzogen hatte, brachten es Sakku und Kudeku so weit, dass fremde Neger, besonders in der Dunkelheit, sich erst der Begleitung des Kochs oder des Boys versicherten, ehe sie an das Haus herankamen.

Trat jemand neu in unseren Dienst, so dauerte es Tage, bis ihn Sakku und Kudeku anerkannten. Einen neuen Boy hatte ich mehrmals gemahnt, ja darauf zu achten, ob nicht Sakku hinter ihm herkäme. Nach einigen Tagen fühlte er sich sicher. Stolz trug er die dampfende Suppenschüssel für das Abendessen die Treppe herauf. Mit einem Schrei warf er sie hin, dass sie in Scherben ging; Sakku hing ihm an der Wade.

Wie der Affe, ist auch der Papagei zu allen boshaften Streichen aufgelegt. Um sechs Uhr morgens, beim ersten Sonnenstrahl, fing Sakku an, mit großem Lärm seine Kiste auf der Veranda mit dem scharfen Schnabel zu bearbeiten, und hörte damit nicht auf, bis meine Frau aufstand und ihm aufmachte. Kaum war er heraus, so schlich er eilig auf der Veranda um das ganze Haus herum, um Caramba, der nach treu durchwachter Nacht hinter dem Hause lag, schlafend zu überraschen, ihn durch einen Biss in den Schenkel zu wecken und sein Aufheulen als Morgengesang zu genießen. Da mich der Hund dauerte, stand ich auf, sowie meine Frau die Papageikiste öffnete, und rannte hinter das Haus, ihn zu wecken.

Im Jahre 1917 saß ich in meinem Zimmer und schrieb mit der letzten Goldfeder, die ich noch besaß. Gewöhnliche Stahlfedern kann man in Äquatorialafrika nicht gut benutzen, da sie in der warmen, feuchten Luft nach zwei oder drei Tagen zu rosten anfangen. Um einen frischen Lufthauch zu spüren, hatte ich die vergitterte Tür zur Veranda geöffnet. Kudeku saß auf der Verandarampe. Als ich für eine Minute ins Nebenzimmer abgerufen wurde, hätte ich die Tür schließen sollen. Aber Kudeku sah so verschlafen und so unschuldig aus, dass ich ihm für diesmal nichts Übles zutraute. Als ich wiederkam, saß er wieder verschlafen und unschuldig auf seinem Platze ... aber meine Goldfeder war furchtbar zugerichtet und gerade noch gut zum Wegwerfen.

Sakku starb an plötzlich einsetzenden Krämpfen, während wir im Herbst 1917 für das Heimbefördertwerden in die Pyrenäen einpackten. Kudeku fand Aufnahme bei Missionaren und wurde 1920 von Frau Missionar Morel nach Europa gebracht. Er konnte sich aber an das gemäßigte Klima und das stete Eingeschlossensein nicht gewöhnen. Nach wenigen Wochen lag er eines Morgens tot in seiner Kiste.

Antilopen hatten wir fünf, drei gewöhnliche und zwei Zwergantilopen. Wenn die Neger einem ein kleines Antilopenzicklein bringen, das sie verwaist im Walde gefunden haben, weil die Mutter einem wilden Tier oder einem Menschen zum Opfer gefallen ist, bringt man es nicht über sich, es sterben zu lassen. Man erwirbt es für etwas Geld und einige Blätter Tabak und zieht es an der Saugflasche mit kondensierter Milch aus der Schweiz groß. Alle unsere Milch kommt aus der Schweiz, da man hier keine Kühe und auch keine Milchziegen halten kann. Um Milch für das Tierlein zu haben, trinkt man lieber selber keine.

Gewöhnlich wird der Säugling schnell zahm und gedeiht gut. Dann kommt der Tag, an dem er seine Freiheit nimmt. Statt abends ins Haus zurückzukehren, schläft er im Freien. Aber er bleibt doch anhänglich, wenn man ihm nur jeden Tag noch einmal die Saugflasche gibt. Meine Antilope «Clas», die einer sehr starken Art angehörte, war schon an anderthalb Jahr alt und fast so hoch wie ein Esel und galoppierte doch jeden Morgen, wenn ich sie rief, vom Waldrand her, wo sie in Freiheit nächtigte, um ihre Saugflasche leer zu trinken. Natürlich war jetzt nur noch Wasser, mit einem Tropfen Milch gefärbt, darin. Hatte sie fertig, so musste ich mich schleunigst in Sicherheit bringen. Denn nun fing sie an, mich mit den starken Hörnern zu bearbeiten, um noch mehr zu erhalten. Ging ich zum Spital hinunter, begleitete sie mich wie ein Hund und spazierte mit zierlichen Schritten zwischen den Kranken herum.

Diese Antilope brachte mir den Ruhm ein, ein sehr guter Sohn zu sein. Dies ging so zu: Als sie eines Morgens wieder mit mir im Spital erschien, nahm mich ein altes Negerweib beiseite. «Doktor», sagte sie, «deine Antilope ist schon groß und fest. Du musst sie jetzt essen.» «Das hat noch gute Weile», antwortete ich. Am andern Tag fragte sie mich wiederum, warum ich die Antilope noch nicht äße. Die Neger verstehen nicht, dass man ein essbares Tier hat und es nicht schlachtet. Wieder antwortete ich ausweichend. Nach einigen Tagen kam sie abermals darauf zu sprechen. Um sie ein für alle Male zu beruhigen, sagte ich ihr, dass ich die Antilope mit nach Europa nehmen wolle. Da rief sie die anderen Weiber zusammen. «Höret alle», sagte sie, «was für ein guter Sohn der Doktor ist. Er will die Antilope mit nach Europa nehmen, um sie mit seiner Mutter zu verspeisen.»

Eine der anderen großen Antilopen, «Tetchen» genannt, war womöglich noch zahmer als Clas. Als ich längere Zeit einen kranken Europäer beherbergte, wurde sie ihm so anhänglich, dass sie zusammen mit ihrem unzertrennlichen Gefährten, dem Hunde Caramba, unter seinem Bette schlief. Aber jeden Morgen um sechs Uhr, sowie der erste Lichtstrahl ins Zimmer kam, stand sie auf und stieß ihn so lange mit den Hörnern, bis er aufstand und sie hinausließ.

Auch Tiere wurden in Lambarene behandelt, meist von Albert Schweitzer selbst, der sich hier nach dem Befinden einer jungen Antilope erkundigt.

Am Abend kam sie wieder. Das gewöhnliche Ende dieser Antilopen ist, dass sie einen Gefährten im Walde finden, mit ihm einen Hausstand gründen und dann immer mehr verwildern, bis sie zuletzt nicht mehr erscheinen. Es kommt aber auch vor, dass sie im Kochtopf hinterlistiger Neger ihre Laufbahn beschließen. Oft auch sterben sie an plötzlichem Durchfall. Dies war das Schicksal von Clas und Tetchen.

Die erste der Zwergantilopen bekam ich im Sommer 1915. Sie mochte wohl keine drei Tage alt sein und war nicht viel größer als ein junges Hündchen. Man sagte mir, diese Tiere wären nicht aufzubringen, weil sie von der kondensierten Milch, auch wenn man sie verdünnt, Durchfall bekämen. Zur allgemeinen Überraschung blieb «Antilöpeli», so hieß der junge Hausgenosse, dennoch am Leben. Ich gab ihm nämlich in jeder Saugflasche einen Tropfen einer sehr verdünnten Opiumlösung, um den Durchfall zu bekämpfen. Nachts wurde er in den Papierkorb verpackt.

Man hatte mir auch gesagt, diese Zwergantilopen würden nie zutraulich. Antilöpeli wurde nicht nur zutraulich, sondern auch frech.

Diese Zwergantilopen werden gewöhnlich nicht größer als ein Rattenfänger, sind aber in keiner Weise verkrüppelt, sondern von herrlich elegantem Wuchs. Die Hörnchen sind so spitz wie Dornen und nur zwei Zentimeter lang. Eine Eigentümlichkeit dieser Tierchen ist, dass sie das zierliche, flache Schwänzchen nicht nach den Seiten, sondern von oben nach unten bewegen. In den zoologischen Gärten Europas sind sie, ihrer Schönheit und Seltenheit wegen, sehr begehrt. Vor dem Kriege zahlte man für eines mehr denn tausend Franken.

Antilöpeli fürchtete sich vor nichts als vor den Negern. Auf die größten Hunde ging es mit gesenkten Hörnern los. Es hatte seine Antipathien. Den amerikanischen Missionar Ford ließ es nie in Ruhe. Sowie er in die Stube kam, rannte es schnaubend auf ihn zu und bearbeitete ihm Strümpfe und Waden mit seinen spitzen Hörnern. So schnell er konnte musste er sich setzen und die Füße auf einen Stuhl legen.

Zu meinem Schrecken bemerkte ich, dass Antilöpeli auch vor Schlangen keine Angst hatte. Von diesem Tage [an] durfte es sich nicht mehr unbeaufsichtigt um das Haus herum aufhalten. Seine Bedürfnisse – dass ich alles erzähle – verrichtete es, als wohlerzogenes Tierchen, in einem Kistchen voll Sand auf der Veranda.

Als es kaum einige Wochen alt war, fuhren wir nach Cap Lopez hinunter und nahmen es, wie auch die Papageien, mit uns. Nach einigen Tagen durfte es mit ans Meer. Es war das erste Mal, dass es ans Wasser kam. Über einmal nahm es einen Satz und sprang in die Wellen. Schon schickte ich mich an, ihm nachzuspringen, um es zu retten. Es aber, mit zierlich erhobenem Kopf, schwamm in schönen Kreisen auf der bewegten Flut herum und kam erst wieder ans Land, nachdem es das neue Vergnügen ausgekostet hatte.

Überall herum wurde erzählt, dass der Doktor von Lambarene eine zahme Zwergantilope habe. Neger aus der Umgegend kamen extra, um sich zu überzeugen, dass das scheueste der Tiere wie ein Hündchen folgte, der Frau Doktor aus der Hand fraß und auf ihrem Schoße lag.

Nun geschah es, dass Antilöpeli eine Gefährtin bekam. Einer meiner europäischen Patienten, der in Samba, am Negounje, einem Nebenfluss des Ogowe, wohnte, hatte einen Hund, der solche Zwergantilopen jagte. Einmal schleifte er eine, zwar übel zugerichtet, aber doch noch lebend nach Hause. Sogleich steckte der Weiße sie in eine Kiste und beauftragte zwei Neger, sie mir den Fluss herunterzubringen. Ich gab ihnen ein schönes Geschenk, um sie für das Unglaubliche zu belohnen, dass sie sie unterwegs nicht aufgegessen hatten. Als die Kiste im Zimmer war und aufgemacht wurde, sprang Samba, so nannten wir das neue Antilöpeli nach dem Ort seiner Herkunft, vor Entsetzen über Tisch und Stuhl und an den Wänden empor. Dann verkroch sie sich in einer dunklen Ecke.

Wir waren begierig, wie Antilöpeli sich beim ersten Anblick von seinesgleichen benehmen würde. Es nahm keine Notiz von Samba. Tagelang ging es an ihr vorüber, als existiere sie nicht. Weil aber Antilöpeli fraß, bekam Samba auch Mut zu fressen. Das war viel, denn es war zu fürchten, dass sie in der Gefangenschaft kein Essen anrühren würde.

Zahm ist Samba nie geworden. Vor das Haus durften wir sie nie lassen. Streicheln ließ sie sich nur, wenn sie fraß. Aber sie gewöhnte sich, meiner Frau Maiskörner, mit Antilöpeli zusammen, aus der Hand zu fressen, wobei sie die Vorderpfoten auf ihre Knie setzten. Dabei fraß Antilöpeli aus der Rechten, Samba aus der Linken. Diese Ordnung wahrten sie von selbst. Ebenso war es ein für alle Mal zwischen ihnen ausgemacht, dass, wenn ich an meinem Tische arbeitete, Antilöpeli sich zu meiner Linken, Samba zu meiner Rechten niederließ. Ihre Wonne war dann, mir die Schuhe abzulecken und abzunagen. So haben sie oft bis tief in die Nacht bei mir gewacht.

Auf Papier waren beide sehr erpicht. Ließ ich einen Brief auf dem Schreibtisch liegen, so verschwand er, denn es war ihnen ein leichtes, hinaufzuspringen. Einmal verzehrte Antilöpeli einen ganzen Bogen Briefmarken, die ich eben von der Post gebracht und auf den Tisch gelegt hatte. Zum Glück waren es zufällig keine hohen Werte. Wie manche Bücher und Musikhefte haben mir meine zierlichen Stubengenossen aufgefressen. Auf das zusammenrollbare Metermaß meiner Frau hatten sie es besonders abgesehen. Aber sie fraßen auch Seife, Zahnpulver, Stoffe, Gummi, überhaupt alles, was sich in den Mund bringen lässt.

Der Charakter der beiden war sehr verschieden. Antilöpeli war ein vollkommener Egoist. Samba, die in der Freiheit den Kampf ums Dasein kennen gelernt hatte, besaß ein gutes Herz. Die Charakterverschiedenheit zeichnete sich auch in der Verschiedenheit des Gesichtsausdruckes ab.

Als Antilöpeli einmal einige Stücke Naphtalin gefressen hatte und eine Woche auf den Tod krank war, wich die Gefährtin nicht von seiner Seite, leckte ihm das struppig gewordene Fellchen glatt und wollte vor Kummer nicht fressen. Wenn Samba etwas fehlte, kümmerte Antilöpeli sich nicht um sie.

Ihr Ende war tragisch. Nach unserem Weggang tat man sie in einen schönen vergitterten Pferch. Abends ging jedes in eine Kiste, um über dem Schlafen vor Schlangen sicher zu sein. Ein Negermädchen brachte ihnen jeden Tag zu fressen. Nachlässig, wie die Schwarzen sind, beachtete es nicht, dass Antilöpeli einmal mehrere Tage nicht zum Fressen kam, sondern in der Kiste liegen blieb. Der Deckel derselben hatte sich eingeklemmt und es konnte nicht heraus. So verhungerte es angesichts des Futters. Kurze Zeit darauf starb Samba aus Gram, nachdem sie kurz zuvor einem niedlichen Kleinen das Leben geschenkt hatte, das aber seiner Mutter alsbald in den Tod folgte.

Und nun soll ich auch noch deine Geschichte erzählen, o Josephine, du schönstes unter den rotborstigen Wildschweinen Afrikas? Es sei.

Eines Tages brachte mir eine Negerfrau ein zahmes Wildschwein von etwa zwei Monaten. «Es heißt Josephine und wird dir nachlaufen wie ein Hund», sagte sie. Für fünf Franken wurden wir handelseinig. Meine Frau war gerade etliche Tage fort. Gleich rammte ich mit Joseph und N'Kendju einige Pfähle in die Erde und schuf einen Pferch mit Drahtgitter. Zu aller Vorsicht versenkten wir das Drahtgitter noch ziemlich tief in die Erde. Meine beiden schwarzen Gehilfen lächelten. «Ein Wildschwein bleibt nicht im Pferch, sondern gräbt sich darunter durch», sagte Joseph. «Das möchte ich doch sehen, dass dieses kleine Wildschwein unter diesem in der Erde versenkten Drahtgitter durchkäme», antwortete ich. «Du wirst es sehen», sagte Joseph. Am anderen Morgen war es richtig fort. Ich empfand darüber fast wie eine Erleichterung, denn ich hatte meiner Frau versprochen, ohne ihre Einwilligung keine neuen Erwerbungen für unseren Tierpark zu machen, und es schwante mir, dass ein Wildschwein vielleicht nicht nach ihrem Geschmack sein könnte.

Als ich aber zum Mittagessen zum Spital heraufkam, siehe, da wartete Josephine vor dem Hause auf mich und schaute mich an, als wollte sie sagen: «Den Spaß mit dem Pferch musst du aber nicht wiederholen, ich bleibe dir auch so treu.» So geschah es.

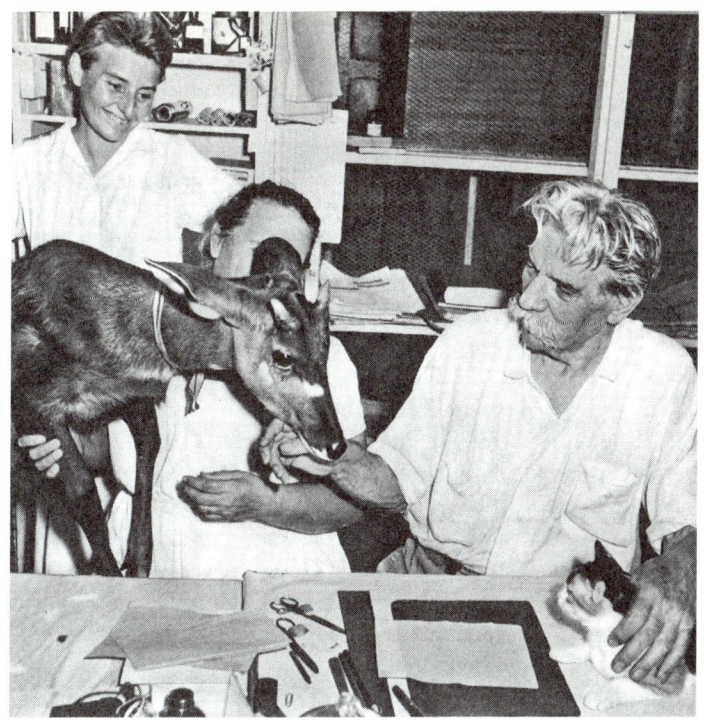

Eine Mitarbeiterin bringt abends eine junge Antilope, «Antilöpeli», die nicht einschlafen will, zu Albert Schweitzer. Tiere hatten in Lambarene relativ freien Zutritt zu Schweitzers Arbeitsräumen.

Als meine Frau ankam, zuckte sie über den neuen Gefährten die Achseln. Ihre Sympathie hat er nie genossen, und auch nie gesucht; Josephine hatte ein feines Empfinden für dergleichen. Mit der Zeit, als sie eingesehen hatte, dass ihr nicht erlaubt sei, auf der Veranda zu erscheinen, gingen die Dinge erträglich.

Nach einigen Wochen aber, an einem Samstag, war Josephine verschwunden. Am Abend traf mich der Missionar vor meinem Hause und teilte meinen Kummer, weil Josephine auch ihm Anhänglichkeit bezeigt hatte. «Sie hat halt in einem Negerkochtopf geendet», sagte er: «C'était inévitable» [«Das war unvermeidlich»]. «Für die Schwarzen fällt ein Wildschwein, auch wenn es zahm ist, nicht unter den Begriff des Haustieres, sondern es bleibt das Wild, das dem gehört, der es erlegt.» Während er noch also sprach, erschien aber Josephine und hinter ihr ein Jäger mit einer Flinte. «Ich stand», erzählte dieser, «dort oben in der Lichtung, wo noch die Trümmer des früheren Hauses der amerikanischen Missionare sichtbar sind. Da sah ich dieses Wildschwein. Schon legte ich auf es an. Aber da kam es auf mich zugelaufen und rieb sich an meinen Beinen. Ein merkwürdiges Wildschwein, sagte ich mir. Du willst doch sehen, was es weiter macht. Da trottete es los, ich ihm nach, und nun sind wir hier. Also, es ist dein Wildschwein. Wie gut, dass es nicht einem Jäger begegnete, der nicht so klug nachdenkt wie ich.»

Diesen Wink verstand ich, machte ihm großartige Komplimente und gab ihm ein schönes Geschenk.

Aber dass mein Wildschwein, nach dem, was mir der Missionar gesagt hatte, in steter Gefahr sein sollte, ging mir doch im Kopf herum, während ich mit ihm zusammen dem wiedergefundenen Tier mit dem Fuß auf dem Rücken herumfuhr, was es sehr liebte. «Hören Sie, Doktor», begann der Missionar plötzlich, «ich habe morgen zu predigen. Und da man ja für unsere Neger leider bald in jedem Gottesdienst die Sünde des Diebstahls berühren muss, so will ich gleich morgen Josephine als Exempel anführen, dass ein Tier früher wild und jedermanns Eigentum gewesen sein kann, nachher aber dennoch Privateigentum und unantastbar wird, wenn es von jemand gehegt wird.» Ich dankte ihm im Voraus, mir mit der Wahl dieses lehrreichen Exempels zu Hilfe zu kommen.

Am anderen Morgen, schon im zweiten Teil der Predigt, kam Josephine dran. Mit Spannung hörten die Neger zu, wie der Missionar den komplizierten Fall auseinanderlegte und den Horizont ihres Eigentumsbegriffes erweiterte. Im nämlichen Augenblick, mir wurde fast schlecht, stand Josephine neben dem Prediger. – Wir haben nämlich in Lambarene keine Kanzel. Der Gottesdienst findet in der Wellblechbaracke statt, in der auch Schule gehalten wird. Der Prediger steht zu ebener Erde. Und die Türen sind immer offen, damit etwas Luft hereinkommt. Dass dann Hühner und Hämmel während des Gottesdienstes kommen und gehen, ist man gewöhnt. Die Missionarshunde nehmen regelmäßig daran teil. Mir war es ganz selbstverständlich geworden, dass Caramba mich immer zur Predigt begleitete. Wenn er die Glocke und den Gesang hörte, ließ er sich nicht zu Hause halten. Und hätte man ihn dann angebunden, so hätte er durch sein über die ganze Missionsstation tönendes Geheul die Erbauung viel mehr gestört als durch seine lautlose Gegenwart. Aber dass auch Josephine kirchlich geworden war, war mir schrecklich. Zu alledem musste ich noch alsbald bemerken, dass sie sich nicht zu benehmen wusste. Frisch vom Morast her, ganz mit schwarzem Schlamm bedeckt, war sie gekommen. Und jetzt ging sie durch die Bänke der Kinder, die die Knie an den Hals zogen. Jetzt kam sie zu den Weibern. Jetzt zu den Männern. Jetzt zu dem anderen Missionar. Jetzt zu den Missionsdamen, mit ihren weißen Röcken, versuchend, sich an ihnen abzureiben. Jetzt zur Frau Doktor. Jetzt zu mir. Da hatte sie aber schon einen Fußtritt, den ersten, den sie von mir erhielt. Er war aber gründlich ...

Die Freude am Gottesdienst habe ich Josephine nicht austreiben können. Einzusperren war sie nicht; anzubinden war sie auch nicht, denn sie arbeitete sich aus allem Geschirr, das ich für sie erfunden hatte, heraus. Sowie die Glocke ertönte, lief sie zur Kirche. Ich glaube, sie hatte keinen Morgen- und keinen Abendsegen der Schulkinder versäumt. Ich bot dem Missionar, dem Leiter der Station, an, sie deswegen zu töten. Aber er wehrte mir's. Mit der Zeit fing Josephine an, sich in der Kirche manierlich zu benehmen.

Wie soll ich deine Klugheit preisen, Josephine? Um nachts nicht von Stechmücken belästigt zu werden, nahmst du die Gewohnheit an, in den Schlafsaal der Knaben einzudringen und dich dort unter das erste beste Moskitonetz zu legen. Wie manche Buße in Tabakblättern habe ich deswegen an die bezahlen müssen, denen du dich als Schlafgenosse aufdrängtest. Und wenn die Sandflöhe in deinen Füßen so herangewachsen waren, dass du nicht mehr gehen konntest, humpeltest du ins Spital herunter, ließest dich auf den Rücken legen, erduldetest das Messer, das dir die Peiniger aus den Füßen bohrte, ertrugest das Brennen der Jodtinktur, mit der man die Wunden betupfte, und grunztest herzlichen Dank, wenn die Sache für einmal wieder vorüber war.

«Wenn ein Wildschwein über sechs Monate alt ist, fängt es an, Hühner zu fressen», sagte N'Kendju. «Josephine wird doch nicht daraufkommen, Hühner zu fressen», antwortete ich mit unsicherer Stimme. «Sie wird Hühner fressen, denn sie ist ein Wildschwein», kam es mit unerbittlicher Logik zurück. Aber noch wagte ich zu hoffen. Ein Neger kam und sagte mir, es fehle ihm ein Huhn. Ich wusste, was er damit meinte, gab ihm ein Geschenk und bat ihn, zu schweigen. Die Frau Missionar sagte mir, es fehle ihr ein Huhn. Ich wusste, was sie damit meinte. Aber ich ließ mir nichts anmerken, sondern sagte: «Ja, mit den Schlangen hier herum ist es halt eine üble Sache.» So tat ich [mir] Gewalt an, um an die Unschuld Josephines zu glauben.

Eines Morgens aber hörte ich, während ich im Spital Blut von Schlafkranken unter dem Mikroskop untersuchte, oben Hühnergegacker und durcheinander rufende Menschenstimmen. Kurz darauf erschien der Boy Akaga mit einem Zettel von der Frau Doktor. Darauf stand zu lesen: «Josephine ist zu den Kücklein eingedrungen, hat drei gefressen und der Glucke den Schwanz ausgerissen. Ich habe es mit eigenen Augen gesehen. Du weißt, was du zu tun hast...»

Ich wusste es und tat es. Josephine wurde ins Spital gelockt, gefesselt und von N'Kendju rasch und kunstgerecht getötet. Ehe es Mittag läutete, war ihr Dasein zu Ende. Ich rechne, dass sie es auf etwa acht Monate gebracht hat.

Den Speck, in Stücke geschnitten und auf Stäbchen aufgezogen, räucherten und dörrten wir sorgsam und bewahrten ihn, luftdicht verschlossen, in einer Blechbüchse auf.

Nicht lange danach kam ein weißer Beamter, mich zu konsultieren, und ich behielt ihn zum Mittagessen. Er bekam von dem Speck.

«Was? Geräucherter Speck. Eine Seltenheit in diesem Lande.»
«Herr, er ist von meinem zahmen Wildschwein. Ich musste es töten, weil es Hühner fraß.»

«Sie hatten ein zahmes Wildschwein? Ich hatte auch eines, das ich von klein auf mit der Saugflasche aufgezogen habe. Es hat mich manche Büchse Milch gekostet. Aber es lief mir nach wie ein Hund. Leider ist es mir gestohlen worden. Ich hatte ihm den Namen Josephine gegeben.»

«Dann, lieber Herr, essen Sie jetzt den Speck des zahmen Wildschweines, das Sie mit der Saugflasche aufgezogen haben. Die Frau, die es mir verkauft hat, hatte es ihnen gestohlen...»

PREDIGTEN

Albert Schweitzer hat neben vielen anderen Tätigkeiten von 1898 bis 1912 und – nach dem ersten Afrika-Aufenthalt – dann wieder von 1918 bis 1923 beinahe Sonntag für Sonntag als Prediger auf der Kanzel gestanden. Er war in jenen Jahren Vikar an der Kirche St. Nicolai in Straßburg. Dem Theologen Schweitzer war das Predigen «ein innerliches Bedürfnis». Er empfand es als «etwas Wunderbares, allsonntäglich zu gesammelten Menschen von den letzten Fragen des Daseins reden zu dürfen» (GW I, 144). Rund 400 Predigten sind erhalten geblieben und konnten im Jahr 2001 in dem Nachlassband Predigten 1898–1948 veröffentlicht werden.

Den Grund, warum Schweitzer das Predigen so wichtig war, muss man in der Aufgabe sehen, die er dieser Tätigkeit zuschrieb: Hinführung der Menschen zu Jesus, damit sie in dessen Geist zu tätigen Arbeitern im Reich Gottes werden. Seine Predigttheorie war schlicht: Er legte die frei gewählten Schriftworte so aus, «dass sie praktisch im Leben verwendbar sind» (GW V, 119). Dabei war die Ethik von Anfang an das treibende Motiv.

Statt von «evangelischer Verkündigung» sprach Schweitzer lieber von «andächtigem Denken». Tatsächlich war ihm die sonntägliche Stunde der «Andacht» eine Stunde verständigen Denkens, das geschickt macht zur Arbeit am Reich Gottes. Reich-Gottes-Arbeit aber ist im weitesten Sinne Betätigung der Ehrfurcht vor dem Leben, die für Schweitzer «die als denknotwendig erkannte Ethik Jesu» ist (GW I, 241). Auf diese Weise fallen Theologie und Philosophie in eins zusammen. Ehrfurcht gilt dabei dem Unverletzbaren, dem Heiligen, dem Leben in all seinen Formen, dem Leben der Menschen, der Tiere und der Pflanzen. Kurz: Ehrfurcht vor dem Leben ist Ehrfurcht vor Gott und seiner Schöpfung!

Selig sind die Barmherzigen

Am Sonntag, dem 26. August 1900, hielt Albert Schweitzer in der Kirche seines Vaters in Günsbach im Elsass eine Predigt über die fünfte Seligpreisung aus der Bergpredigt: «Selig sind die Barmherzigen; denn sie werden Barmherzigkeit erlangen.» Inzwischen war Schweitzer Vikar an der St.-Nicolai-Kirche in Straßburg geworden, und die dortige Theologische Fakultät hatte ihn gerade vier Wochen vor jener Predigt mit einer Arbeit über das Abendmahlsproblem zum Doktor der Theologie promoviert. Bemerkenswert an der Predigt ist, dass Schweitzer sie mit dem Thema der Barmherzigkeit gegen Tiere einleitet.

Mit dem «Beispiel von den Zughunden in Berlin» im letzten Absatz meint Schweitzer den Einsatz von Hunden, die Handwerkern und kleinen Händlern bis zum Anfang des 20. Jahrhunderts in Berlin und andernorts die Karren ziehen mussten.

Wie steht es nun um die christliche Barmherzigkeit? Man hat nun oft darüber gestritten, ob es außer dem Christentum Barmherzigkeit gebe, oder ob die christliche Barmherzigkeit etwas Höheres sei als die andere.

Das ist ein Streit um leere Worte: Jede Barmherzigkeit ist christlich, weil sie zu den edlen Regungen des menschlichen Herzens gehört, unseren Blick auf den Herrn der Barmherzigkeit, Jesus, hinlenkt und durch das Christentum noch veredelt und geläutert wird. Es gibt keine Barmherzigkeit, die nicht etwas Christliches an sich trägt.

Das heißt aber auch: Jede Barmherzigkeit ist vom Christentum geboten. Man hat sich darüber Gedanken gemacht, dass Jesus nicht die Barmherzigkeit gegen die armen, leidenden Tiere, sei es auch nur mit einem Worte, berührt habe; manche haben gemeint, Barmherzigkeit gegen die Tiere gehöre nicht zum Christentum. Zu solchen Leuten möchte man sagen: Ihr oberflächlichen Menschen, schlagt doch einmal des Herrn Gleichnisse nach, seht, wie er in so feiner und sinniger Weise von den Tieren, ihrer Pein und ihrer Sorglosigkeit spricht, lest einmal das Gleichnis vom verlorenen Schaf [Mt. 18,12–14] – und ihr könnt noch glauben, dass der, welcher von sich dort als vom «guten Hirten» redet, nicht Erbarmen für die Tiere im Herzen verspürt?

Albert Schweitzer füttert
die Pelikane, die in
Lambarene heimisch
geworden sind.

Barmherzigkeit gegen Tiere ist Christensache: Es sind Gottes Geschöpfe. Darum liegt auch in dem Wort «Lasset die Kindlein zu mir kommen und wehret ihnen nicht» [Mt. 19,14] etwas, das uns auf die Barmherzigkeit verweist. Wir wollen Christus Kinder zuführen, ihr Herz empfänglich machen für alles Gute. Wie können wir dies aber, wenn wir ihnen nicht in zarter Jugend das Mitleid für die Tiere anlernen? Barmherzigkeit liegt in des Kindes Herz; aber die Gedankenlosigkeit erstickt oft dieses Mitleid, so dass ein Dichter gerade vom Kindesalter sagte, es kenne kein Mitleid.

Es ist die heilige Pflicht der Eltern, ihre Kinder zur Barmherzigkeit gegen Tiere anzuhalten, damit ihr Herz nicht verrohe; und wer es geduldig ansieht, wie sein Kind, sei es auch nur einen Käfer, quält und martert, der beklage sich einst nicht vor Gott, wenn das verrohte Kinderherz auch über die Eltern Kummer und Qual bringt. Eltern, haltet eure Kinder an zur Barmherzigkeit auch gegen die Tiere!

Es gibt heutzutage Vereine, welche die Barmherzigkeit gegen Tiere zu ihrer Aufgabe machen. Das ist edel und christlich, und jeder soll diese Bestrebungen unterstützen. Wenn dennoch viele, sonst für das Gute empfängliche Menschen die Sache hier abtun wollen mit dem Wort: Ich bekümmere mich um Menschenschutz, nicht um Tierschutz, so rührt das aus Unkenntnis und aus Vorurteilen her.

Aus Unkenntnis. Was weiß denn ein Mensch, der den ganzen Tag in der Stube sitzt und alles Unangenehme von sich fernhält, von den Martern, die täglich hunderttausende von Tieren unnötigerweise erdulden müssen? Aber wenn er liest, wie durch einen Fehler am Geschirr die Zugtiere unnötigerweise geschunden werden, fürchterlich Durst leiden, ohne dass wir's ahnen, sich auf hartem Pflaster die Füße wund laufen, weil sie, obwohl es nicht teurer kosten würde, ein anders geartetes Pflaster herzustellen, langsam zu Tode gemartert werden, nur weil derjenige, dem das blutige Amt übertragen ist, nur aus Unkenntnis oder Bequemlichkeit nicht die kürzeste Art wählt, um ihrem Dasein ein Ende zu machen – wenn man sich das alles vorhält, dann ist man demjenigen Verein von Herzen dankbar, der uns hier Belehrung und Aufklärung verschafft, damit wir nicht selbst durch Gedankenlosigkeit uns an Tieren, die sich nicht wehren können, versündigen.

Beispiel von den Zughunden in Berlin. Aus Unkenntnis, sagten wir, wissen die Menschen die Bestrebungen der Tierschutzvereine nicht zu würdigen. Nicht besser steht's um die Vorurteile. Die Tierschutzvereine beförderten ein weichliches, ungesundes Mitleid, welches zuletzt in jedem Zugtier ein gemartertes Wesen sieht und bei jeder Tötung eines Tieres von Grausamkeit und Mitleidlosigkeit redet. Ein solches ungesundes Mitleidsgefühl ist falsch. Die Tiere, welche sich zur Arbeit eignen, sollen arbeiten; es steht dem Menschen zu, wenn es nötig ist, Tiere zu töten. Dies bestreitet kein Tierschutzverein. Aber es steht ihm [dem Menschen] nicht zu, aus Bosheit, Gedankenlosigkeit oder selbstverschuldeter Unwissenheit sie unnütz zu quälen. Dagegen sich zu wenden, ist jedes Christen Pflicht.

Die zum Leiden verurteilte Kreatur

Die folgende Predigt hielt Schweitzer am 13. Dezember 1908, dem dritten Sonntag im Advent, in der Kirche St. Nicolai zu Straßburg. Häufig wählte er als Predigttext nur einen kurzen Vers. So auch diesmal: «Wir wissen, dass alle Kreatur sehnt sich mit uns und ängstet sich noch immerdar» (Röm. 8,22).

Für den dritten Advent ist das eine ganz ungewöhnliche Textwahl. Denn das Leitthema für diesen Sonntag lautet: «Bereitet dem Herrn den Weg; denn siehe, der Herr kommt gewaltig» (Jes. 40,3.10). Aber Schweitzer hielt sich nur selten an die von der Kirche vorgeschriebenen Predigttexte. Textexegese war auch gar nicht sein eigentliches Predigtziel. Sondern das frei gewählte Bibelwort sollte die Gedanken zuammenfassen, die er der Gemeinde weitergeben wollte.

Advent ist die Zeit, wo wir uns aus der Schuld, die auf der Welt lastet, nach Erlösung sehnen. Heute vor vierzehn Tagen gedachten wir der Schuld, die zwischen Menschen schwebt, und von der wir uns durch gegenseitiges Vergeben erlösen. Heute wollen wir miteinander von der Schuld der Menschheit zur sprachlosen, zum Leiden verurteilten Kreatur reden.

Es gehört dies zur Religion wie alle tiefen Fragen des Daseins, obwohl es im Christentum ganz zurückgetreten ist. Zwar wirft man es unserm Herrn mit Unrecht vor, dass er nicht ausdrücklich von der Barmherzigkeit gegen die Tiere gesprochen hat; alles was er darüber hätte sagen können, liegt in der Seligpreisung «Selig sind die Barmherzigen, denn sie werden Barmherzigkeit erlangen» [Mt. 5,7], sofern er darin von der Barmherzigkeit allgemein gegen alle Kreatur redet. Wahrscheinlich hat er auch keinen Anlass gehabt, denen, die ihn hörten, das Gewissen für die Tiere zu schärfen, da schon im Gesetz diese Barmherzigkeit verlangt wird. Steht doch im fünften Buch Mose, dass man dem Ochsen, der da drischt, das heißt, auf der Tenne die Körner aus den Ähren tritt, das Maul nicht verbinden darf, damit das Tier von der Arbeit auch etwas habe, indem es hie und da ein Maul voll nehmen kann [Dtn. 25,4].

Aber das Christentum ist dann an dieser Frage vorübergegangen und hat auch hier, dem Sinne seines Stifters entgegen, nicht immer erkannt, dass wahre Religion auch wahre Menschlichkeit ist. Es war, als hätte man eine gewisse Angst, der Unterschied zwischen Mensch und Tier könnte verwischt werden. So hat es in dieser Sache Bankrott gemacht. So lebt in unserer Menschheit eine Rohheit und Gedankenlosigkeit, die zu einer solchen reinen Religion nicht stimmt. Die indischen Religionen, die tief unter dem Christentum stehen, haben darin ihre Menschheit viel höher gehoben.

Für uns arme Stadtmenschen aus dem 20. Jahrhundert ist die Gefahr, in der Frage Mensch und Kreatur stecken zu bleiben, besonders groß. Die wenigsten unter uns besitzen auch nur einen Hund; die Kühe, deren Milch wir trinken, haben wir nie gesehen. Unser Zur-Miete-Wohnen hat eine chinesische Mauer zwischen dem Tier und uns aufgerichtet. Die Kinder bei uns wachsen auf und haben nie, wie die draußen auf dem Land, das Seelenvolle und Persönliche in dem Wesen des Tieres kennen gelernt, und es fehlt ihnen die Sinnigkeit und Milde des Gemütes, das auch mit Tieren gelebt hat.

Das Weh der Kreatur bleibt uns etwas Fremdes. Gar vielen Menschen ist es gar nicht mehr bewusst, dass sie mithaften für das, was die Kreatur bei uns erduldet. Sie denken auch, dass wir es eigentlich sehr weit gebracht haben. Wir haben ja den Tierschutzverein, wir haben die Polizei, die werden schon die nötige Vorsorge treffen.

Wer aber die Augen aufmacht, der erwacht aus dieser Sicherheit und sieht, was alles geschieht, weil keine Menschen da sind, die über die Kreatur wachen.

Wie waren wir doch alle so gewiss, dass in unserm Schlachthaus alles aufs beste bestellt sei, weil's ja jetzt langsam zum Dogma wird, dass Straßburg in jeder Beziehung eine Musterstadt ist. Wir waren gewiss, dass alle Tiere möglichst ohne Qual und Angst getötet würden; und als dann einer letzten Sommer der Sache auf den Grund ging und seine Beobachtungen veröffentlichte, da erfuhren wir plötzlich, dass unser Schlachthaus in mancher Hinsicht eine wahre Tierhölle war und dass es darin zuging, wie es in einem modernen Schlachthaus nicht zugehen darf.

Aus der Sicherheit wirft es dich auch, wenn du an den Baustellen durchgehst, wo sie den Grund zum Fundament ausheben und fortführen; es muss einer Nerven wie Glockenseile haben, wenn er es länger als fünf Minuten mit ansehen kann, unter welchen Anstrengungen und Misshandlungen die armen, alten Pferde den Wagen durch die weiche Erde auf die Straße heraufziehen. Mit welchem Grauen muss das Tier, das zu solcher Arbeit verdammt ist, den ersten Sonnenstrahl in den Stall scheinen sehen, der ihm ankündigt, dass es nun wieder soundso vielmal aus der Mulde heraufgepeitscht wird.

Vor einigen Monaten schrieb es einer in die Zeitung und fragte, warum man solches erlaube. Da antworteten die Fuhrleute, dass sie nichts dafür könnten; die Bauunternehmer verdingten das Abfahren

Menschen und Vögel lauschen andächtig der von Albert Schweitzer vorgetragenen Weihnachtsbotschaft.

der ausgehobenen Erde zu so niederen Preisen, dass an ein Halten von kräftigen Pferden nicht zu denken sei; die Abfuhr würde nach Wagenladungen vergeben, und wenn sie anfingen, die Fuhren kleiner zu machen, so würden sie bald entlassen werden und andern Platz machen müssen, die wieder das volle Maß lüden. Nun wird weiter gepeitscht.

Das ist das Grausige in unserer Zeit, dass die Menschen nicht nur aus Gedankenlosigkeit roh sind, sondern dass der Kampf ums tägliche Brot sie zwingt, das Letzte aus ihrem Tier herauszuholen. Nicht die Quäler sind immer die einzigen Schuldigen, sondern die, welche sie in diese Lage bringen.

Bei Tauwetter ersuchte ich letzten Winter einen Polizisten, einen Kohlenfuhrmann, dessen Pferd vor Erschöpfung fast umfiel, anzuhalten und ihm aufzuerlegen, Vorspann zu holen. Ich kam dann in ein Gespräch mit ihm, und er sagte mir, er habe sich wohl gedacht, dass es beim schmelzenden Schnee eine Quälerei geben würde, und wenn es auf ihn ankäme, hätte er nur halb soviel geladen; aber die

Herren auf dem Büro nähmen keine Rücksicht auf das Wetter; man müsse soundso viel laden und wer dawiderreden wollte, der könnte sich bald einen andern Platz suchen.

Habt ihr noch nie im Sommer die Ochsen und Kühe, in den Wagen auf dem Bahnhof zusammengepfercht, schreien hören? Die Unbefangenen meinen, sie schrien aus Langeweile. Wer aber den Schrei der Tiere kennt, der weiß, dass sie vor Hunger und Durst schreien, und wer nachfragt, wie lang sie fahren, ohne ein Hälmchen und einen Tropfen Wasser zu bekommen, dem stehen die Haare zu Berg, und wenn der Zug schon lange durch Wiesen und Felder eilt, hört er immer noch den Schrei der verdurstenden Tiere.

Wie furchtbar wahr ist es doch, was der Apostel sagt: «Die Kreatur ängstet sich noch immerdar» [Röm. 8,22]. Wer in diesen Abgrund von Qual, welche die Menschen über die Tiere bringen, hineingeblickt hat, der sieht kein Licht mehr; es liegt wie ein Schatten über allem, und er kann sich nicht mehr unbefangen freuen. Wenn ich jemand sagen höre, was doch Paris für eine schöne Stadt sei, muss ich bei mir denken, dass dies nur für jemand gelten kann, der die Marter, welche die Zugtiere wegen der großen Steigungen erdulden, mehr denn in einer andern Stadt, eben nicht sieht; von dem Augenblick an, wo er es gesehen hat, lässt es ihn nicht mehr los.

Es liegt ja schon ein unlösbares Rätsel über der Kreatur an sich, dass ein Tier über das andere Qual bringt, dass sie in grausiger Unbefangenheit dahinleben und nicht wissen, was Mitleid ist. Dem allem stehen wir machtlos gegenüber und müssen nur kämpfen, dass wir am Dasein überhaupt nicht irre werden. Wir schweigen ja davon; begraben es in uns. Aber manchmal ist's, als müssten wir aufschreien, getroffen von dem dunklen Elend, und als hörten wir das Stöhnen der Kreatur, das zum Himmel dringt. In seinen Schriften und Briefen erzählt Richard Wagner, wie er durch den Anblick irgendeines Leidens von Tieren für ganze Tage zu leben aufhörte und litt, als zehrte die Glut des Schmerzes an seinem Herzen.

Und in das Dunkel ist ein Lichtstrahl gefallen; der Menschengeist ist frei geworden von der dunklen Macht, die die Tierseele noch in der Materie knechtet; er hat das Vermögen des Mitleids; er kennt nicht nur seine Angst und sein Weh, sondern er fühlt auch die Angst und das Weh von Mensch und Kreatur um sich herum und schafft nicht Qual, sondern bannt sie. Das ist Erlösung. Und an dieser Erlösung muss teilhaben, was an Kreatur mit der Menschenwelt zusammenkommt, dass er nicht mit ihr nach der Unwissenheit der Mitleidslosigkeit verfährt, sondern nach Barmherzigkeit, dem Göttlichsten an der menschlichen Seele. In die furchtbaren Rätsel des Seins ragt das Mitleidig-sein-Können hinein und hilft uns, dass wir unter der Last des Unlösbaren, unter dem Gefühl des Ohnmächtigseins nicht zusammenbrechen.

So ist der wissende Mensch ein Erlöser der Kreatur; so weit seine Macht und Kraft reicht, kann er die Qual von der Kreatur nehmen. Wie furchtbar, wenn der Mensch statt zu erlösen, schuldig wird und quält!

Dieses Geheimnis der Erlösung von Qual ist in unsern Tagen noch wunderbarer geworden. Die geängstete Kreatur hat den Menschen erlöst und Angst und Schmerz von ihm genommen. Wir besitzen die Mittel, denen, welchen keine Nacht sonst Schlaf gebracht hätte, die Augen zum Schlummer zu schließen; wir vermögen manchen unerträglichen Schmerz wegzuwischen; wir können Betäubung bis zu vollständiger Bewusstlosigkeit erzeugen, um dann Eingriffe vorzunehmen, die einer Familie Vater oder Mutter wiedergeben oder Eltern das Kind erhalten; Krankheiten, die man früher erst erkannte, wenn es zu spät war, können wir jetzt feststellen, ehe sie noch recht ausgebrochen sind, und im Keime bekämpfen. Wir verfügen über Serum als Gegengift gegen manches heimtückische Übel, und jede Woche bringt auf diesem Gebiete neue Fortschritte.

Wem verdanken wir es? Dem Scharfsinn der Menschen? Nur zum geringsten Teil. Sie hätten nichts entdecken können ohne die Tausende und Tausende von Tieren, an denen sie ihre Versuche anstellten. Es lässt sich nicht aussagen, was für eine Welt von Angst und Qual der Kreatur ein einziges neues Medikament darstellt, bis man es auf seine Wirkung und Gefahren so weit erprobt hat, dass man es an Menschen verwenden kann.

Ich rede nur von dem, was notwendig war, nicht von aller Qual, die Gedankenlosigkeit und Gefühllosigkeit unnütz unter dem Deckmantel der Wissenschaft angerichtet hat. Denn auch unter denen, die da forschen, gibt es gar manche, die sich ihrer Verantwortung der Kreatur gegenüber nicht voll bewusst sind.

So haben Tiere durch Leiden etwas erworben, was die Menschen vieler Angst und Qual entreißt. Wer ist hier, der es nicht erfahren hätte an Menschen, die ihm lieb sind, und wie manche von uns haben es an sich erfahren, und wie manche werden es noch erfahren!

Was du an Barmherzigkeit an Tieren tust, ist nur ein kleiner Tropfen des Dankes für das, was die Kreatur uns gegeben. Vergiss es nicht. Das Leiden, in welchem sie für die Menschheit noch täglich gemartert und geopfert wird, spielt sich abseits und verborgen ab; aber es ist da, größer, als du dir denken kannst.

Es ist viel für diese Gedanken gewirkt worden, aber sie sind noch weit davon entfernt, allgemein durchzudringen. Zum Teil haben sie ihre Kraft nicht entfaltet, weil man allgemein die Bestrebungen für Tierschutz etwas zu sentimental vorträgt. In den Schriften, die darüber verbreitet werden, erzählt man etwas allzu viel gefühlvolle Geschichten vom lieben Hundelein und vom lieben Kätzelein, statt die Menschen zu zwingen, zu erkennen, dass die Barmherzigkeit gegen die Kreatur etwas ist, das zum wirklichen Menschsein gehört, und sie von dem Gedanken erschüttern zu lassen, dass, was sie an Qual der Kreatur mit ansehen und mit geschehen lassen, eine Schuld ist, die sie mit auf sich nehmen.

Und dann lassen sie sich zu leicht mutlos machen durch die Überlegung, dass der Einzelne nichts tun kann, und kommen dann dahin, wo die meisten stehen, dass sie von all dem Elend nur nichts sehen und hören wollen; sie meinen, es besteht dann weniger, weil sie so leben, als wäre es für sie nicht da.

Das ist falsch und feig. Hier vermag der Einzelne viel. Ich rede nicht davon, dass eigentlich jeder Mensch Mitglied des Tierschutzvereins sein soll; denn was ist der Mindestbeitrag von einer Mark im Jahr, den dieser Verein erhebt und den die meisten unter uns trotz der schlechten Zeit erschwingen können, im Vergleich zu dem, was er an Belehrung und an Einfluss Gutes leistet!

Über das, was der Einzelne ausrichten kann, täuscht man sich. Er vermag mehr, als man meint. Ich hatte Gelegenheit, vor einigen Wochen einen Bahnbeamten zu hören, der etwas verdrossen erzählte, wie man an der Laderampe für Viehtransporte einer elsässischen Station auf seiner Hut sein müsse, weil da unvermutet zu jeglicher Tages- und Nachtzeit eine alte Jungfer erscheine, um nach dem Rechten zu sehn; man sei keinen Augenblick vor ihr sicher, und sie verstehe gar keinen Spaß. Ich sah die Person vor mir, als wäre sie mir bekannt; wie manches Tier mag ihr ersparte Misshandlung zu danken haben; und wer an ihrem Grabe einst spricht, darf wirklich sagen «Selig sind, die in dem Herrn sterben, denn ihre Werke folgen ihnen nach» [Apk. 14,13].

Es ist so wenig, was man von dir verlangt: keine Opfer an Zeit und keines an Geld, sondern nur, dass du nichts mit ansiehst, was nicht sein darf, den Mund auftust für die sprachlose Kreatur und dir nicht erlaubst, vorüberzugehen wie der Levit im Gleichnis [Lk. 10,32]. Ich bemerke an andern und an mir, dass wir oft in falscher Weise für die misshandelte Kreatur eintreten; wir tun es im Zorn, mit hartem Aufbegehren oder Schelten und bringen die Menschen mit einem Schein des Rechts gegen uns auf wegen der Art, wie wir uns in ihre Dinge mischen, und haben es uns dann selber zuzuschreiben, wenn wir ein barsches «Das geht Sie nichts an» zu hören bekommen, wo ein ruhiges und freundliches Wort keinen solchen Trotz im andern geweckt hätte. Es gilt hier: «Die Liebe lässt sich nicht erbittern, sie bläht sich nicht, sie stellt sich nicht ungebärdig» [1. Kor. 13,4 f.]. Wir wollen die Gewissen der Menschen wecken; das gelingt dir nicht, wenn du dich als Richter aufwirfst, aber oft, wenn du als Bittender auftrittst; und mag der Mensch dir auch widersprechen und du scheinbar nichts erreichen, das bittende Wort hallt nach und arbeitet an ihm, bis es in ihm Licht wird.

Wenn wir alle unsere Pflicht tun, können wir hier viel erreichen. Insbesondere nehmt euch der Zugtiere auf den Baustellen an; wenn ihr Fluchen und Schreien und Peitschenknallen hört, geht nicht vorüber und sagt euch: Das mag ich nicht mit ansehen, sondern mischt euch darein und wagt es, euer Wort anzubringen und dem Bauunternehmer zu schreiben; und wenn wir richtig Aufsicht üben, dann müssen wir es dahin bringen, dass auch hier der Grund auf kleinen Wagen, die auf Schienen mühelos von der Aushebungsstelle auf die Straße gezogen werden, befördert wird, um dort erst verladen zu werden, damit nicht um der Ersparnis von einigen Talern jeder Bauplatz eine Marterstätte für Tiere werde. Es ist eine kleine Adventsbitte an euch, damit durch uns Erlösung der Kreatur gewirkt werde.

Es ist noch viel Erlösung der Kreatur, die unter der Menschheit seufzt, zu beschaffen. Ich muss immer lächeln, wenn sie gegen die Mission reden und meinen, man sollte diese Leute doch lassen, wie sie sind; denn diese wissen nicht, dass das Schrecklichste am Heidentum die Grausamkeit gegen die Tiere ist; jeder Missionar kann die furchtbarsten Dinge darüber erzählen. Für mich ist die Mission schon allein dadurch gerechtfertigt, dass sie das Licht der Barmherzigkeit in die Unwissenheit vertierter Menschen scheinen lässt, unter der die Kreatur sich windet und stöhnt. Darum freuen wir uns über jede Ausbreitung des Christentums; durch die Barmherzigkeit, die der Geist Jesu schafft, erfüllt sich ja nicht nur an Menschen, sondern auch an der Kreatur, was wir im Adventslied sangen: «Ich lag in schweren Banden, du kommst und machst mich los» [Paul Gerhardt: «Wie soll ich dich empfangen», EG 11, Strophe 4.].

Tierschutz als Arbeit am Reich Gottes

Am Sonntag, dem 12. März 1911, predigte Albert Schweitzer in der St.-Nicolai-Kirche zu Straßburg über die zweite Bitte des Vaterunsers: «Dein Reich komme» (Mt. 6,10). Das erbetene Reich Gottes war für Schweitzer nicht mehr das von Jesus und den ersten Christen in Bälde erwartete jenseitige Reich, welches die irdische Welt in eine überirdische verwandelt. Sondern das Reich Gottes ereignet sich seiner Meinung nach überall dort, wo Menschen im Geiste Jesu arbeiten. Dazu gehörte für Schweitzer ganz selbstverständlich auch, dass wir den gequälten Tieren helfend beistehen und durch tätige Barmherzigkeit ihre Leiden lindern.

Es bleibt so viel ungetan, und die Menschen bleiben beschäftigungslos am Markte stehen, wie die Leute im Gleichnis Jesu [Mt. 20,3], weil sie zu verschüchtert sind. Sie stellen sich vor, was dieser und jener sagen und denken wird, wenn sie sich nun plötzlich mit dem oder jenem abgeben, was eigentlich nicht ihres Amtes ist – und in dieser Angst, aufzufallen, lassen sie im Lauf der Jahre den schönen, gesunden Tätigkeitsdrang, der in ihnen ist, langsam erlahmen.

Es war im Winter, da es glatt war. Von meinem Fenster aus sah ich auf dem Ludwigsplatze, wo es gegen die Thomasbrücke ansteigt, ein Pferd mit einem etwas zu schwer beladenen Wagen, das nicht vom Flecke wollte, nachdem es sich, wie es schien, lange brav abgeschunden hatte. Der Kutscher hatte Vernunft und Herz und gebrauchte die Peitsche nicht. Von Zeit zu Zeit machte er einen Versuch, zog am Zügel, ob dem Pferdlein wieder Mut und Kraft gekommen – musste aber immer wieder davon abstehen. So ging es eine geraume Zeit. Drum herum standen an die dreißig Menschen. Keiner rührte sich, wo es ihnen doch ein leichtes gewesen wäre, Wagen samt Ross über die Brücke zu schieben. Da kamen – es war schon gegen Abend, die Lichter wurden schon angesteckt – zwei Arbeiter des Wegs, schoben hinten am Wagen, der Kutscher zog wieder am Leitseil, das Pferd fühlte die helfende Kraft, legte sich ins Geschirr, zog an und setzte nachher seinen Stolz darein, den Wagen für die zweite Wegstrecke ganz allein über die Brücke zu ziehen.

Die Leute, die darum herum gestanden hatten, hatten sicher alle Mitleid mit dem Tier gehabt und auch Sinn für die Verlegenheit des Kutschers, am liebsten hätten sie mit Hand angelegt. Was sie zurückhielt, war einzig und allein die Scheu, was die andern dazu sagen würden, wenn sie, deren Beruf es nicht war, an einem Wagen schöben. Und wenn der Kutscher unvernünftig gewesen wäre und sein Tier misshandelt hätte, hätten sie es blutenden Herzens geschehen lassen oder sich höchstens miteinander darüber ausgesprochen, dass es nicht erlaubt sein sollte, ein Tier so zu quälen. So geht es fortgesetzt im Großen und im Kleinen, weil uns die große, innerliche Natürlichkeit, persönlich mit anzufassen, wo sich etwas bietet, fehlt, und so bleiben viele ihr ganzes Leben tatenlos, tote Kräfte, die so viel Groß- und Kleinarbeit hätten leisten können.

Aber die größte Tatenlosigkeit rührt daher, dass wir meinen, alltägliches Tun und irgendeine besondere Tätigkeit, wo wir an den Zielen der Menschheit arbeiten, voneinander trennen zu können, und uns nicht eingestehen, dass beide in demselben Geiste getan werden müssen. Reich Gottes ist überall, in deinem Hause, im Geschäft, in der Werkstatt, draußen – es kommt nur darauf an, dass du ein bisschen davon an dir trägst und es mitbringst. «Das Reich Gottes ist inwendig in euch» [Lk. 17,21], sagt Jesus einmal in tiefsinniger Weise den Menschen, die ihn nach demselben fragen. Das will heißen, dass wir es mit herumtragen und etwas von seiner Atmosphäre hinbringen, wohin wir kommen, wenn etwas davon in uns ist.

Das große Gebot

Am 16. Februar 1919 hielt Albert Schweitzer eine Predigt über «Das große Gebot». Ausgangspunkt war die Frage des Schriftgelehrten nach dem vornehmsten Gebot (Mk. 12,28–34), die von Jesus mit dem Doppelgebot der Liebe beantwortet wird: «Du sollst Gott lieben von ganzem Herzen [...] und deinen Nächsten wie dich selbst!» Mit dieser Predigt hat Schweitzer eine Reihe von fünfzehn Predigten über ethische Probleme eröffnet, die alle in der St.-Nicolai-Kirche zu

Straßburg gehalten wurden. Den Plan dazu hatte er bereits wäh-rend des ersten Afrika-Aufenthalts, 1913–1917, gefasst. Das damals gesuchte und gefundene Grundprinzip des Sittlichen, die Ehrfurcht vor dem Leben, die er mit dem vornehmsten Gebot, dem Doppelge-bot der Liebe, verglich, wollte er von der Kanzel herab erstmals der Öffentlichkeit vorstellen. Das zeigt, dass Theologie und Philosophie für ihn keine Gegensätze waren. Das Christentum als die «tiefste Religion» galt ihm zugleich als die «tiefste Philosophie» (GW II, 714).

Leben heißt Kraft, Wille, aus dem Urgrund des Willens kommend, in ihm wiederaufgehend, heißt Fühlen, Empfinden, Leiden ... Und vertiefst du dich ins Leben, schaust du mit sehenden Augen in das gewaltige belebte Chaos des Seins, dann ergreift es dich plötzlich wie ein Schwindel. In allem findest du dich wieder. Der Käfer, der tot am Wege liegt ... er war etwas, das lebte, um sein Dasein rang wie du, an der Sonne sich erfreute wie du, Angst und Schmerz kannte wie du, und nun nichts mehr ist als verwesende Materie ... wie du über kurz oder lang sein wirst.

Du gehst draußen, und es schneit. Achtlos schüttelst du den Schnee von den Ärmeln. Da musst du schauen ... Eine Flocke glänzt auf deiner Hand. Du musst sie schauen, ob du willst oder nicht, sie glänzt in wundervoller Zeichnung; dann kommt ein Zucken in sie: Die feinen Nadeln, aus denen sie besteht, ziehen sich zusammen, sie ist nicht mehr ... geschmolzen, gestorben auf deiner Hand. Die Flocke, die aus dem unendlichen Raum auf deine Hand fiel, dort glänzte, zuckte und starb ... das bist du. Überall wo du Leben siehst ... das bist du!

Was ist also das Erkennen, das gelehrteste wie das kindlichste: Ehrfurcht vor dem Leben, vor dem Unbegreiflichen, das uns im All entgegentritt, und das ist wie wir selbst, verschieden in der äußeren Erscheinung und doch innerlich gleichen Wesens mit uns, uns furchtbar ähnlich, furchtbar verwandt. Aufhebung des Fremdseins zwischen uns und den andern Wesen.

Ehrfurcht vor der Unendlichkeit des Lebens ... Aufhebung des Fremdseins ... Miterleben, Mitleiden: Das letzte Ergebnis des Er-kennens ist also dasselbe im Grunde, was das Gebot der Liebe uns gebeut. Herz und Vernunft stimmen zusammen, wenn wir wollen und wagen, Menschen zu sein, die die Tiefe der Dinge zu erfassen suchen!

Und die Vernunft entdeckt das Mittelstück zwischen der Liebe zu Gott und der Liebe zu den Menschen ... die Liebe zur Kreatur, die Ehrfurcht vor allem Sein, das Miterleben allen Lebens, mag es dem unseren äußerlich noch so unähnlich sein.

Ich kann nicht anders, als Ehrfurcht haben vor allem, was Leben heißt, ich kann nicht anders, als mitempfinden mit allem, was Leben heißt: Das ist der Anfang und das Fundament aller Sittlichkeit.

Wer dieses einmal erlebt hat und weiter erlebt – und wer es einmal erlebt hat, erlebt es immer weiter –, der ist sittlich. Er trägt seine Sittlichkeit in sich unverlierbar, und sie entwickelt sich in ihm. Wer es nicht erlebt hat, der hat nur eine angelernte Sittlichkeit, die nicht in sich gegründet ist, ihm nicht gehört, sondern von ihm abfallen kann. Und das Furchtbare ist, dass unser Geschlecht nur die angelernte Sittlichkeit hatte, die in der Zeit, wo es Sittlichkeit bewähren sollte, von ihm abgefallen ist. Seit Jahrhunderten wurde es nur mit der angelernten Sittlichkeit erzogen. Es war roh, unwissend, herzlos, ohne es zu ahnen, weil es den Maßstab für das Sittliche noch nicht besaß, da es keine allgemeine Ehrfurcht vor dem Leben besaß.

Du sollst Leben miterleben und Leben erhalten ... das ist das größte Gebot in seiner elementarsten Form. Anders, negativ ausgedrückt: Du sollst nicht töten ... das Verbot, mit dem wir es so leicht nehmen, indem wir geistlos die Blume brechen, geistlos das arme Insekt zertreten und dann geistlos, in furchtbarer Verblendung, weil alles sich rächt, das Leiden und das Leben der Menschen missachten und es kleinen, irdischen Zielen opfern.

Man redet viel in unserer Zeit vom Aufbau einer neuen Menschheit. Was ist der Aufbau der neuen Menschheit? Nichts anderes, als die Menschen zur wahren, eigenen, unverlierbaren, entwickelbaren Sittlichkeit führen. Aber sie kommt nicht dazu, wenn die vielen Einzelnen nicht in sich gehen, aus Blinden Sehende werden, und anfangen, das große Gebot zu buchstabieren, das große, einfache Gebot: Ehrfurcht vor dem Leben, in dem mehr hängt als das Gesetz und die Propheten, in dem hängt die ganze Sittlichkeit der Liebe, in ihrem tiefsten und höchsten Sinn, und aus dem sie sich für den Einzelnen und die Menschheit immer wieder erneuert.

Gerechtigkeit gegen die Tiere

Für die dritte Predigt über ethische Probleme, gehalten am 2. März 1919 in der St.-Nicolai-Kirche zu Straßburg, hat Albert Schweitzer jenen Text aus den Sprüchen Salomos gewählt, der dem biblischen Verständnis von Tiergerechtigkeit klassischen Ausdruck verleiht: «Der Gerechte erbarmt sich seines Viehs, aber das Herz des Gottlosen ist unbarmherzig» (Spr. 12,10). Ging es in den beiden vorausgehenden Predigten mehr um die theoretische Grundlegung der Ethik der Ehrfurcht vor dem Leben, so geht es jetzt um das daraus gefolgerte Tun, durch das sich der Mensch als wahrhaft ethisch erweist und bewährt. Bemerkenswert ist, dass Schweitzer diese Bewährung nicht mit dem Verhalten des Menschen zu anderen Menschen beginnen lässt, sondern mit dem Verhalten des Menschen zum Tier.

Das Grundgesetz der Sittlichkeit, sahen wir in den beiden letzten Predigten, ist Ehrfurcht vor dem Leben, Miterleben und Miterleiden dessen, was um uns her lebende Wesen erleiden. Aus dieser Grundgesinnung allein kommt erst die Tat, die den Menschen überall Sittlichkeit bewähren lässt. Aber die große Gefahr ist, dass wir in diesem wahren Menschentum müde werden, und zwar hat diese Müdigkeit drei Ursachen:

Dieses Sittengesetz von der wahren Menschlichkeit vermag sich keine passende, geschlossene Weltanschauung zu schaffen. Auf der einen Seite sehen wir, wie in der Natur alles nach Egoismus und Grausamkeit als wie von einem gottgewollten Gesetz zugeht; auf der andern fühlen wir, dass wir in der Ehrfurcht vor dem Leben uns der wahren Erkenntnis nahen. Der Gott der Liebe, der uns in ihr entgegentritt, lässt sich nicht vereinen mit dem Gott, der uns in der Natur entgegentritt, das Sittengesetz nicht in Einklang bringen mit den Naturgesetzen.

Dazu kommt als zweites, dass alles Mitleiden Leiden bedeutet. Wer für alles Weh, das um ihn her sich abspielt, offen ist, kann nicht mehr in dem gewöhnlichen Sinne glücklich und unbefangen sein. Dann spricht der Versucher und sagt: So kann man nicht leben. Stumpf dich ab wie die andern!

Das dritte ist die Verzweiflung, die uns ergreift, wenn wir sehen, wie wenig das, was wir helfend tun können, ist neben dem, was geschiet, ohne dass wir etwas helfen können. Hier sagt dann der Versucher: Es nützt alles nichts, quäle dich nicht, werde wie die andern!

So werden wir müde und verlieren die innere Energie zur Sittlichkeit, wenn wir nicht wach bleiben und wissen, dass wir so [handeln] müssen, dass das wahre Menschentum das einzige Glück ist, unsere große geheimnisvolle Pflicht in der Welt.

Und nun wollen wir miteinander die praktischen Fragen der Sittlichkeit überdenken, indem wir heute mit unserm Verhalten gegen die Kreatur beginnen.

Ich sagte euch schon, dass ich etwas viel Allgemeineres verlange als Mitleid gegen die Tiere: Es muss dieses auf dem Boden einer allgemeinen Ehrfurcht vor allem, was Leben ist, erwachsen. Sonst ist es unvollständig und unbeständig. Das zeigt schon die Geschichte des Mitleids gegen die Tiere.

Schon die Heiden des Altertums kannten das Mitleid gegen die Kreatur. In Athen, erzählt ein Schriftsteller, wurde ein Knabe zum Tode verurteilt, weil er einer Krähe die Augen ausgerissen hatte. Auch dass Pferden und andern Zugtieren das Gnadenbrot gegeben wurde, ist mehrfach berichtet.

Im Alten Testament wird der Tiere mehrmals mit Liebe gedacht. So heißt es im Sabbatgebot, dass auch die Tiere am Feiertag der Ruhe teilhaftig sein sollen [Dtn. 5,14]. Ausdrücklich wird verboten, dass der Ochse, der auf der Dreschtenne das Korn ausstampft, das Maul zugebunden bekommt [Dtn. 25,4]. Wunderbar schildert später der Apostel Paulus im Brief an die Römer, wie auch die Kreatur seufzt, mit uns von dem Geängstigtsein und der Vergänglichkeit erlöst zu werden [Röm. 8,22].

Aber dennoch ist das Christentum den sittlichen Forderungen, die unser Verhalten zur Kreatur bestimmen sollen, nicht weiter nachgegangen. Größte Gedankenlosigkeit und Rohheit findet sich mit der ernstesten Frömmigkeit verbunden, jahrhundertelang. Man denkt weniger daran, was wir der armen Kreatur sein sollen, als immer wieder, wie man den Unterschied zwischen dem Menschen und ihr möglichst hervorhebe. [Der Mensch] soll die innere Verwandtschaft, die zwischen allem Lebendigen herrscht, nicht erleben dürfen, sondern sich immer nur vorsagen: Du hast eine unsterbliche Seele, das Tier aber hat keine, eine unüberbrückbare Kluft liegt zwischen uns ... als ob wir darüber etwas wissen.

So hat das Christentum der ersten Jahrhunderte bis tief ins Mittelalter die Menschen in ihrem Verhalten zur Kreatur nicht veredelt, sie nicht zu Wissenden gemacht. Erst mit dem erwachenden Denken kommt Besinnung auf das, was wir an der armen Kreatur sündigen.

Zuerst ist es Martin Luther, der, in fast zaghafter Weise, sich ihrer annimmt. Sein Diener hatte sich einen Vogelherd zum Fangen der Zugvögel eingerichtet. Daraufhin, um ihn davon abzubringen, setzt Luther, anno 1534, eine launige Bittschrift der Zugvögel auf an ihn, dass er ihm dies böse Handwerk verbieten solle.[*]

Viel weiter geht dann im ausgehenden 17. Jahrhundert der große Elsässer Spener. In seinen Katechismen wagt er ausdrücklich zu lehren, dass das Gebot «Du sollst nicht töten» [Dtn. 5,17] dem Geiste nach auch das Verbot, Tiere unnütz zu töten oder zu quälen, in sich schließe. In dem Gesangbuch der Gemeinde von Mülhausen im Elsass vom Jahre 1826 steht sogar ein Lied über das Mitleid mit den Tieren.

[*]   Bei Luther heißt es: «Wir Drosseln, Amseln, Finken, Hänflinge, Stieglitze samt andern braven, ehrbaren Vögeln, die in diesem Herbst über Wittenberg reisen wollen, lassen eure Liebe wissen, dass, wie uns glaubhaft berichtet wird, einer, genannt Wolfgang Sieberger, Euer Diener, sich eines großen, frevelhaften Übermuts unterstanden und einige alte, verdorbene Netze aus großem Zorn und Hass auf uns teuer gekauft habe, um damit einen Finkenherd einzurichten; und dass er nicht allein unsern lieben Freunden, den Finken, sondern auch uns allen die Freiheit, in der Luft zu fliegen und auf Erden Körnlein zu lesen, von Gott uns gegeben, zu wehren vorhat: dass er zudem unserm Leib und Leben nachstellt, obwohl wir doch gegen ihn gar nichts verschuldet noch solch ernsten und tückischen Übermut um ihn verdient haben.

Weil denn das alles, wie Ihr selbst könnt bedenken, uns armen, freien Vögeln (die ohnehin weder Scheune noch Häuser noch etwas darin haben) eine gefährliche und große Beschwerung ist, ist an Euch unsere demütige und freundliche Bitte, Ihr wollet Eurem Diener solchen Übermut verweisen oder, wenn das nicht sein kann, ihn doch dahin bringen, dass er uns des Abends zuvor Körner auf den Herd streue und morgens vor acht Uhr nicht aufstehe und zum Herd gehe. Dann wollen wir den Zug über Wittenberg hin nehmen. Wird er das nicht tun, sondern uns so frevelhaft nach unserm Leben stehen, dann wollen wir Gott bitten, dass er ihm wehre, so dass er am Tage auf dem Herd Frösche, Heuschrecken und Schnecken an unserer Statt fange und zur Nacht von Mäusen, Flöhen, Läusen, Wanzen angegriffen werde, damit er uns vergesse und den freien Flug uns nicht wehre. Warum

Die Tierschutzbewegung der heutigen Tage geht auf den Stuttgarter Pfarrer Dann [1758–1837] zurück, der als erster eine ausgedehnte Darstellung unserer Pflichten gegen die Tiere wagt[e]. Er wurde dazu getrieben, als er es mit ansehen musste, wie ein roher Mensch einen Storch tötete. Da fasste er den Entschluss, alles, was er an Tierquälerei mit angesehen, niederzuschreiben und die Leser damit zu erschüttern. Die Schrift erschien am Anfang des 19. Jahrhunderts zur Zeit der Napoleonischen Kriege. Am Ende entschuldigt er sich, dass er die Aufmerksamkeit auf das Mitleid gegen die Tiere lenke, wo so viele Menschen bluteten und litten. Aber, sagt er, wenn die Menschen es zuletzt über sich bringen, sich gegenseitig zu töten, so ist es, weil sie nicht von Jugend an zum Mitleid erzogen worden sind und in der gedankenlosen Misshandlung der Kreatur verrohen. Also ist der Aufruf zum Mitleid mit den Tieren auch in der Zeit, wo unser Schmerz dem vielen Weh der vielen Menschen gilt, nicht unzeitgemäß.

Von da an ist die Tierschutzbewegung nicht wieder eingeschlafen. Aber sie hat das Gewissen unserer Menschheit nicht geweckt, das wahre Verhältnis zur Kreatur ist uns nicht selbstverständlich, weil dazu eben jenes Allgemeine gehört: Die Ehrfurcht vor dem Leben als solchem, das große Miterleben... als das große Wissen vom Leben. Alles andere bleibt Stückwerk und ist auf Sand gebaut. Wie weit hinab reicht die Grenze des bewussten, fühlenden Lebens? Niemand kann es sagen. Wo hört das Tier auf, wo beginnt die Pflanze?

gebraucht er solchen Zorn und Ernst nicht wider die Sperlinge, Schwalben, Elstern, Dohlen, Raben, Mäuse und Ratten, die Euch doch viel zuleide tun, stehlen und rauben und auch aus den Häusern Korn, Hafer, Malz, Gerste usw. wegtragen, was wir nicht tun, sondern nur das kleine Bröcklein und einzelne beiseite gefallene Körnlein suchen.

Wir gründen diese unsere Sache auf rechtmäßige Vernunft, ob uns von ihm nicht zu Unrecht so hart wird nachgestellt. Wir hoffen aber zu Gott, weil von unsern Brüdern und Freunden so viele im Herbst vor ihm bewahrt geblieben und ihm entflohen sind, wir werden auch seinen nichtsnutzigen und üblen Netzen, die wir gestern gesehen, entfliehen.

Gegeben in unserm himmlischen Sitz unter den Bäumen, unter unserm gewöhnlichen Siegel und Federn.» [K. Bornkamm, G. Ebeling (Hg.), M. Luther, Ausgewählte Schriften, Bd. II, Frankfurt a.M. 1982, S. 265f.]

Und die Pflanze: Fühlt und empfindet sie nicht, wenn wir es auch nicht nachweisen können? Ist nicht jeder Lebensvorgang, bis herab zur chemischen Verbindung zweier Elemente, mit etwas wie Fühlen und Empfinden verbunden?

Darum muss uns jedes Sein heilig sein. Wir dürfen nichts davon achtlos vernichten. Reiß keine Blume, kein Blatt ab! Siehst du ein Pflänzchen, auch das gewöhnlichste, vor dir auf deinem Pfade, tritt so, dass du es nicht zertrittst, wenn du es vermeiden kannst! Gehst du mit Kindern in die Natur, lass sie nicht gedankenlos Blumen brechen in der ersten Stunde, die dann in den heißen Händchen welken und die sie dann, weil sie ihnen unbequem werden, achtlos wegwerfen, sondern wage, sie von den ersten Jahren an zur Ehrfurcht vor dem Leben zu erziehen. Mache dich meinetwegen vor gedankenlosen Menschen lächerlich, die über solche Marotten spotten. Aber die Kinder werden von dem Schauer des Geheimnisses ergriffen werden und dir danken einmal, dass du die große Melodie der Ehrfurcht vor dem Leben in ihnen geweckt hast. Die Spottenden selbst aber werden von der elementaren Wahrheit, die in dem, was sie so ungewohnt berührt, mehr bewegt, als sie zugestehen wollen.

Schon hier aber taucht nun die Schwierigkeit, die durch die Selbstentzweiung des Willens zum Leben, wie er in der Natur gegeben ist, auf. Der Mensch kann nicht aus der Luft und dem Boden seine Nahrung nehmen wie die Pflanze, sondern er bedarf dieser. Das höhere Leben vernichtet das niedere, um von ihm zu leben. Unbarmherzig fährt unsere Sense in der Zeit, wo alle Blumen blühen, durch die Wiese und legt sie zum Tode nieder, weil wir ihrer als Nahrung für das Hausgetier bedürfen.

Wo die Notwendigkeit uns leitet, nehmen wir uns das Recht zum massenhaften Vernichten und können nicht anders. Aber gerade weil wir so unter dem furchtbaren Naturgesetz stehen, das das Lebendige das Lebendige töten lässt, müssen wir mit Angst darüber wachen, dass wir nicht aus Gedankenlosigkeit vernichten, wo wir nicht unter dem Zwang der Notwendigkeit stehen. Wir müssen jedes Vernichten immer als etwas Furchtbares empfinden und uns in jedem einzelnen Falle fragen, ob wir die Verantwortung desselben tragen können, ob es nötig ist oder nicht.

Was liegt doch nicht für eine furchtbare Gedankenlosigkeit in der Sitte, die Zimmer mit geschnittenen Blumen zu schmücken, sich mit geschnittenen, gar noch auf Draht gewundenen Blumen zu erfreuen. Der Anblick ist schön ... wir tragen Natur ins Zimmer. Aber Natur in welchem Zustande? Natur im Sterben! Die Blumen im Glas sterben, ehe ihnen ihr Ende gesetzt ist, um dich zu zerstreuen. Das Bild, an dem du dich erfreust, ist das Bild des Todes!

Ich weiß, wie überspannt dies alles der ererbten Gedankenlosigkeit vorkommen muss. Aber wer einmal über das, was wir tun, nachzudenken anfängt, der kann nicht haltmachen, wo er will, sondern er wird immer zurückgeführt auf die Ehrfurcht vor dem Leben als auf das oberste Gesetz, das über allen Gebräuchen steht und bestimmt ist, alles zu beherrschen. So wird einst die Zeit kommen, wo die Kinder in den Schulbüchern lesen werden, bis zu welchem Jahrhundert sich die Menschen in naiver Rohheit mit sterbenden Blumen erfreuten.

Auf das Tier angewendet, heißt die Ehrfurcht vor dem Leben zunächst: Das Töten des Tieres sei kein Schauspiel und kein Sport! Kein Schauspiel: Ich sehe mich noch immer an einem strahlenden Herbstsonntage auf dem großen Platz in Barcelona. In hellen Gewändern, mit flatternden Spitzenkopftüchern fuhren Frauen und Mädchen alle nach einer Richtung: zur Arena! Um zu sehen, wie wütende Stiere armen Maultieren mit den Hörnern den Bauch aufschlitzten und dann selber, unter dem Jubel der Menge, endlich zu Tode gequält wurden.

Der Dirigent der großen Musikgesellschaft, deren Gast ich war, redete auf mich ein: Sie müssen kommen! Sie müssen es einmal gesehen haben, sonst wissen sie nicht, was Spanien ist! Alle andern Musiker sind immer dazu gekommen. Und der Mann, ein tieffrommer Künstler, mit dem ich mich noch am Morgen so ernst über Christentum unterhalten hatte, verstand nicht, warum ich mir das nie verzeihen könnte, und ließ mich dann stehen, um ja den Anfang nicht zu verfehlen ... Und ihr wisst: Arenen für Stierkämpfe werden im südlichen Europa seit zwei Jahrzehnten wieder gebaut, wo sie früher verboten waren ... In einem Jahrhundert sind sie vielleicht in ganz Europa zu finden.

Und die Jagd? Ist diese damit auch verurteilt? Die Jagd als notwendiges Töten von allerlei Getier des Feldes, sei es zur Nahrung, sei es, um seinem Überhandnehmen zu wehren, nicht. Aber die Jagd als Vergnügen: ja! Jagen sei ein notwendiges Handwerk wie das eines Schlächters, bei dem statt mit Beil und Messer mit dem Geschoß gearbeitet wird; aber nicht ein Vergnügen. Dass es bei uns so lange als eine Unterhaltung galt, sogar als eine Erziehung zur Männlichkeit galt, wird einstens als eine der bedeutungsvollen Tatsachen in der Geschichte des Geisteslebens angeführt werden. Diejenigen aber, die meinen, dass solche Empfindlichkeit die Geschlechter verweichliche, können uns nicht außer Fassung bringen. Die Männlichkeit, die sich in der gedankenlosen Freude am Vernichten und Quälen zeigt, ist nicht die rechte.

Mir selber ist dies alles als Kind klar geworden, besonders in einem merkwürdigen Erlebnis. Der Nachbarsknabe und ich hatten uns Schleudern verfertigt. Da sagte er am Sonntagmorgen, es war am Ende der Passionszeit, zu mir: Komm, wir gehen vor der Kirche hinters Dorf in die Gärten, und dort holen wir mit unsern Schleudern die Spatzen von den Bäumen! Der Gedanke war mir unheimlich. Er passte nicht zum Sonntag, nicht zum Frühling, und ich fürchtete mich zum Voraus, den von uns getöteten Vogel zu sehen ... aber ich wagte nicht, mich lächerlich zu machen. Vor einem kahlen Baum, auf dem viele Vögel zwitscherten, hielten wir vorsichtig und legten mit wichtiger Miene die Schleudern an ... Da, mit einem Male, tönte es mild vom Turm in den stillen Frühlingstag hinein. Ein furchtbares Weh überkam mich, als riefen uns die Stimmen zu, die große Sünde nicht zu tun ... Ich stürzte nach Hause und wusste, ich ging, glaube ich, im ersten Jahre zur Schule, dass ich etwas für mein ganzes Leben Entscheidendes erlebt hatte. Vor der Erinnerung an jene Glocken habe ich mehr Angst als vor dem Lächerlichwerden, wenn ich seither wage, mich nicht mehr vor andern zu fürchten, wenn ich Überzeugungen vertrete, die nach den jetzt geltenden Begriffen überspannt erscheinen ... obwohl es nur selbstverständliche Wahrheiten sind.

Vor einer besonderen Versuchung zur Missachtung der Ehrfurcht vor dem Leben müssen wir uns alle hüten: Wir werden leicht mitleidlos dem unsympathischen Geschöpf gegenüber oder dem, das wir als böse kennen. Sehen wir eine Kröte, so haben wir einen Instinkt, ihr einen Stein nachzuwerfen. Um Ratten, Mäuse und anderes Getier zu vertilgen, scheint uns jedes Mittel recht, auch das, von dem wir wissen, dass es furchtbar lange Qual und Todesangst mit sich bringt. Davon müssen wir uns freimachen. Auch dem unsympathischen und schädlichen Tier gegenüber müssen wir uns immer der Verantwortung in jedem einzelnen Falle bewusst bleiben, dass wir es nur, wenn eine Notwendigkeit vorliegt, töten dürfen und dann sinnen müssen, dies mit den am wenigsten qualvollen Mitteln zu tun. Auch aus Angst und Widerwillen dürfen wir nicht grausam werden.

Eine besondere Frage: Darf ich in dem Kampf des Lebens gegen das Leben, der sich in der Natur abspielt, Partei ergreifen und in ihn eingreifen? Auf dem Boden draußen kriecht eine große Spinne. Ich weiß, dass sie viele arme Insekten, die sich in dem Netz, das sie bereiten wird, fangen, martern und töten wird. Ein Tritt von mir zerquetscht sie und schafft in einem Wesen so viel Qual für andere aus der Welt. Darf ich das? Soll ich das? Hier kann kein Entscheid gegeben werden, sondern du musst in jedem einzelnen Fall aus Überzeugung, nach deinem Gewissen, handeln und wirst vielleicht einmal so, ein anderes Mal anders tun.

Um mein Haus in Afrika standen Palmen, von denen die Nester der Webervögel herunterhingen. Wenn die Jungen ausgekrochen waren, kamen große Habichte und fraßen sie unter dem Wehgeschrei der Alten. Dieses Leid gab mir das Recht, den Räuber zu töten. Aber wenn wir an einer Sandbank vorbeifuhren, auf der der Kaiman schlief, schoss ich nicht auf ihn, wie die andern sonst taten – sie taten es aus Sport –, obwohl ich mir ausrechnete, was er in der Nacht unter den Fischen für Verheerungen anrichtete, weil ich ihn nicht auf der Tat antraf und nicht die Schuld auf mich nehmen wollte, dass er verwundet ins Wasser tauchte und dort litt. Die Entscheide können so oder so ausfallen, wenn du nur nach Verantwortung und Gewissen handelst – und nicht nach Gedankenlosigkeit –, bist du im Recht.

Unserer Verantwortung bewusst werden, heißt auch, dass, wo etwas mit einem Tiere in unserm Tatbereich geschieht, wir alles tun, um Weh zu verhüten. Für viele Menschen existiert das Weh nicht, wenn sie es nur nicht anzusehen brauchen. Sie flüchten sich und bedenken nicht, dass sie gerade mit diesem Nichtansehenkönnen schuldig werden. Die Hausfrau kann nicht mit ansehen, wie der Fisch oder das Huhn getötet werden, sie läuft fort, schlägt die Tür zu und die Hände vor das Gesicht und überlässt es dem Mädchen, dem es ebenso geht und das dann aber, weil es muss, in trostloser Unerfahrenheit die schlechteste Methode anwendet. Nachher kommt sie [die Hausfrau] wieder und ist erlöst, dass «alles fertig ist», aber in dem gequälten Gesicht des toten Tieres könnte sie lesen, dass sie den letzten Liebesdienst, den sie ihm schuldete, an ihm versäumt hat.

Darum erziehe deine Kinder nicht zu solchem Sichverstecken; sie müssen wissen, wie man das Töten, das das gewöhnliche Leben mit sich bringt, am besten vollzieht, und müssen die, die damit zu tun haben, belehren können und beaufsichtigen. In Afrika, wo man alles Schlachten selber vollziehen muss, zwang ich mich, nach Möglichkeit zugegen zu sein, um jede unnötige Qual des Tieres zu verhindern. Sind Kätzchen abzuschaffen, gib sie nicht zum Ertränken und meine nicht, alles sei gut, wenn du sie nur aus den Augen hättest, wo sie dann vielleicht stundenlang jammernd im Wasser treiben, sondern töte sie selber mit einem Hammerschlag auf den Kopf. Das ist deine Pflicht an ihnen.

Dass wir gezwungen sind, vielfältig Leben zu vernichten, sei es für unsere Erhaltung, sei es, um Tiere, die geboren werden und die wir nicht aufziehen können, abzuschaffen, sei es, um uns vor schädlichen Tieren zu schützen, das ist das furchtbare Gesetz der Entzweiung des Willens zum Leben, dem wir unterworfen sind. Nie dürfen wir uns darein gedankenlos ergeben. Immer ist es uns gleich furchtbar, gleich unheimlich. Aber das eine müssen und können wir tun: die Verantwortung in jedem einzelnen Fall erwägen, die Notwendigkeit prüfen und dann auf die schonendste Art vorgehen.

Hat einem gut situierten Landmann ein Pferd treu gedient, so hat er nicht das Recht, es, wenn es zu seinem Dienste durch Alter unfähig wird, es in Hände zu verkaufen, die es quälen, um das Letzte aus ihm herauszuholen, sondern er gebe ihm das Gnadenbrot oder verkaufe es zum Töten.

Aber nicht nur nicht töten sollen wir, sondern Leben erhalten, wo es möglich ist. Dass wir dem Gesetz, töten zu müssen, das niedere Leben dem höheren zu opfern, in tausendfältiger Weise unterworfen sind, ist furchtbar. Nur etwas gibt es, das es uns auf Zeit vergessen lässt und wie in eine andere Welt versetzt: das Lebenerhalten und das Helfenkönnen. Halte deine Augen offen, damit du die Gelegenheit nicht versäumst, wo du darfst Erlöser sein! Geh nicht achtlos an dem armen Insekt, das ins Wasser gefallen ist, vorüber, sondern ahne, was es heißt: mit dem Wassertod ringen. Hilf ihm mit einem Halm oder einem Hölzchen heraus, und wenn es sich dann die Flügel putzt, so wisse, es ist dir etwas Wunderbares widerfahren: das Glück, Leben gerettet zu haben ... im Auftrage und in der Machtvollkommenheit Gottes gehandelt zu haben. Der Wurm auf der harten Straße, auf die er sich verirrt hat, verschmachtet, weil er sich nicht einbohren kann, lege [ihn] aufs weiche Erdreich oder ins Gras! «Was ihr getan habt einem dieser Geringsten, das habt ihr mir getan» [Mt. 25,40] ... dies Wort Jesu gilt uns für alles, was wir an der geringsten Kreatur tun. Wer die Gehobenheit nicht kennt, die wir dann erleben, wenn das wunderbare Licht des Helfendürfens in die grausige Nacht des Zerstörenmüssens hineinfällt, weiß nicht, wie reich das Leben sein kann.

Und auch hier: Kümmere dich nicht um die hergebrachten Vorurteile, habe keine Angst, lächerlich zu sein, sondern handle. Was du tust, gehört zum Menschsein. Wo du es selber am andern siehst, ist es dir nicht, als versöhnte es dich mit den Menschen und dem Leben, mit denen du innerlich zerfallen bist? Am dunkeln Winterabend, wenn die Pferde den schweren Wagen wegen Eis und Schnee nicht die Brückenwölbung hinaufbringen und nun einige Vorübergehende Hand anlegen und schieben helfen, ist es dir nicht, so gering es ist, wenn du dazu kommst, als versänke die dunkle Winternacht und gingest du in einer wunderbaren Nacht weiter? Und stehen dir diese Menschen, mit denen du Hand anlegtest, dann nicht näher durch dieses unscheinbare, natürliche Tun als viele, mit denen du über soundso viel Dinge geredet hast?

Philosophische Texte

*Das von Albert Schweitzer 1915 zwischen Wasser und Urwald ent-
deckte absolute Grundprinzip des Sittlichen, die Ehrfurcht vor dem
Leben, wurde von ihm in den folgenden Jahren zu einer absoluten
Ethik ausgebaut und 1923 in einer zweiteiligen* Kulturphilosophie
mit den Titeln Verfall und Wiederaufbau der Kultur *sowie* Kultur
und Ethik *veröffentlicht. Konzipiert hatte Schweitzer das Werk in
dem Bewusstsein, in einer Zeit des Niedergangs der Kultur zu leben.
Er lastete diesen Niedergang vor allem der Philosophie an, die theoretische Wissenschaft geblieben war und nicht als Humanität gestaltend ins Leben eingegriffen habe. Letzteres wollte Schweitzer mit
seiner Kulturphilosophie erreichen. Ausgehend vom Begriff der Ehrfurcht vor dem Leben ist er in zahlreichen philosophischen Texten
und Studien für eine Ethik eingetreten, die alle lebenden Wesen, also
Pflanzen, Tiere und Menschen, mit einschließt. Dadurch erst sei sie
«vollständig und echt und lebendig» (GW V, 164).*

Wahres Menschsein

In seinem nachgelassenen Manuskript, das unter dem Titel Wir Epigonen *in den* Werken aus dem Nachlaß *erschienen ist (2005), kommt
Albert Schweitzer ausführlich auf die Tierschutzethik zu sprechen.
Der Plan, ein Werk mit diesem Titel zu schreiben, bestand seit 1899
(vgl. GW I, 158). Schon während seiner ersten Universitätsjahre
zweifelte Schweitzer am stetigen Fortschritt der Kultur. Dann kam
der Erste Weltkrieg, der ihren Niedergang besiegelte. Hauptsächlich
in den Jahren 1914 bis 1917 hat Schweitzer in Lambarene an dem
zum Teil nur skizzenhaft vorliegenden Manuskript gearbeitet. In
ihm wird – ähnlich wie in Oswald Spenglers* Untergang des Abend-
landes – *der Niedergang der Kultur beschrieben, und seine Gründe
werden untersucht. Auch erste Erklärungen zur Ehrfurcht vor dem
Leben, dem Grundgedanken seiner Ethik, werden sichtbar, wie das
von uns ausgesuchte Textbeispiel zeigt. Zwei Randnotizen weisen als
Datum den 4. Februar 1917 aus. Mehrmals finden wir hier auch die*

Bemerkung «Ethik der Tiere» oder «Tierethik». Letztere ist im Zusammenhang mit der «Entzweiung des Lebens» (Leben lebt nur auf Kosten von anderem Leben) und der Tierversuchsproblematik in der Tat das beherrschende Thema.

Die Ehrfurcht vor dem Leben gilt allem Leben. Auch das Verhalten der Kreatur gegenüber gehört zur Sittlichkeit.

Die Grenze zwischen dem empfindenden und [dem] nicht empfindenden Leben ist schwer zu bestimmen. Es ist möglich, dass sie tiefer herabreicht als wir annehmen. Ihre Festlegung ist für die Sittlichkeit nur von untergeordneter Bedeutung, da diese es nicht allein mit dem Mitgefühl für Schmerz, sondern mit der Ehrfurcht vor dem Leben als solchem zu tun hat. Jede Zerstörung von Leben ist unsittlich, jede Förderung desselben sittlich.

Das sinnlose Zerschlagen eines Kristalls, den wir antreffen, und das gedankenlose Brechen einer Blume sind Taten der Unsittlichkeit, die darum nicht minder unsittlich sind, weil kein Bewusstsein ihres Charakters vorhanden ist. Einen Wurm auf der Straße von der Sonne sterben zu lassen, wo wir ihm mit einer einzigen Bewegung ins Gras und auf weiche Erde helfen könnten, ist eine Verfehlung gegen das Leben. An der unnötigen Vernichtung eines Tieres, die wir mit ansehen, ohne für es einzutreten, sind wir mitschuldig. Dies ist keine Sentimentalität. Gehört die Ehrfurcht vor dem Leben zum wahren Menschsein, so müssen wir uns unserer Verantwortung gegen alles lebende Wesen, das in unserem Bereich ist, bewusst sein. Unser Beruf ist Leben erhalten. Leben zerstören ist Sünde, von der Schuld, die wir mit bereiteter oder angesehener Qual auf uns laden, nicht zu reden.

Ein rätselhaftes Verhängnis lässt das Sein mit sich selbst entzweit sein. Höheres Leben wird durch niedereres bedroht; niedereres dient höherem zur Erhaltung. So wird vor unseren Augen fortgesetzt Leben durch Leben gequält und vernichtet. Wir selbst können uns diesem Verhängnis nicht entziehen und müssen täglich Leid und Not über Leben bringen. Aber wir sind ihm nicht als Unwissende ausgeliefert, wie die andere Kreatur, die sich unter sich in grausiger Sinnlosigkeit peinigt und vernichtet. Wir empfinden das Furchtbare daran. Sein Widerstreit mit der Ehrfurcht vor dem Leben, die das tiefste Wissen von der Welt darstellt, wühlt unser Innerstes auf. Der Notwendigkeit gehorchend beugen wir uns ihm, ohne aber jemals die Auflehnung aufgeben zu können. Nie können wir der immer erneuten Erschütterung Meister werden; nie dürfen wir uns abstumpfen lassen. Leid und Vernichtung, die wir der Kreatur bereiten, müssen immer ein schweres Müssen für uns sein.

Mit der Notwendigkeit gibt uns die Natur das Recht, niederes Leben dem höheren zu opfern. Aber indem wir davon Gebrauch machen, haben wir uns unsere Verantwortung immer gegenwärtig zu halten. Nur da, wo es durch einen ausreichenden Zweck gerechtfertigt ist, dürfen wir eingreifen. Und weil uns die Natur zu Leben zerstörendem Tun knechtet, haben wir desto mehr danach [zu] streben, das andere [Tun], das Leben erhält und fördert, zu üben, wo es uns möglich ist, um zu erkaufen, was wir gezwungen begehen.

In der furchtbaren Entzweiung des Seins als Wissender Erlösung zu schaffen, so weit seine Macht reicht, ist der Beruf des Menschen. Ihn zu erfüllen, ist das Einzige, was uns helfen kann, den Schmerz über das immer erneute Schauspiel sich selber bekämpfenden Lebens zu tragen und über das Rätsel der Sinnlosigkeit des Universums hinauszukommen.

Eine der schwersten Fragen unseres Verhaltens zur Kreatur ist mit der modernen Wissenschaft aufgekommen. Versuche am Tier setzen uns instand, Beobachtungen über die Funktionen des Lebens und die Krankheits- und Heilungsvorgänge anzustellen und dadurch in unserer Kenntnis der Mittel der Erhaltung des Lebens und der Meisterung des Schmerzes bereichert zu werden. Das Beginnen an sich, so grauenhaft es in manchem sein mag, ist berechtigt, weil das Leben, das wir opfern, und der Schmerz, den wir bereiten, tausend und tausendfach wiedergebracht werden durch Leben, das dadurch erhalten, und Weh, das dadurch überwunden wird. Aber auch hier darf uns niemals das Bewusstsein der Verantwortung verlassen. Wer den Beruf zu solchen Forschungen hat, muss sich in jedem einzelnen Falle fragen, ob das, was er mit der wehrlosen Kreatur unternimmt, wirklich einen Zweck hat und ob er alles getan, um den Schmerz, wo es geht, auszuschalten. Anders ist er ebenso schuldig wie die, die ohne Beruf in Gedankenlosigkeit töten und peinigen, mag er auch vorgeben, sich auf den Dienst der Wissenschaft berufen zu können. Niemals kann diese die viele Misshandlung, die heute in ihrem Namen begangen wird, rechtfertigen. Dies gilt besonders von der Kreatur, die so massenhaft Lehr- und Demonstrationszwecken geopfert wird, wo ein [einziger] Versuch für viele und oft auch eine

Beschreibung genügen würde. Das wissenschaftliche Gewissen muss zugleich ein sittliches sein.

Diejenigen aber, die die Wohltat der Narkose, der Operationen und so vieler helfenden und lindernden Mittel an sich oder ihren Nächsten erfahren, müssen gegenwärtig haben, dass wir dies alles nicht nur den forschenden Menschen, sondern auch dem Tier verdanken, das es uns in seinem Leiden erworben hat. Was wir der Kreatur Gutes antun, ist nur ein kleinster Teil der Dankesschuld, die wir an sie abzutragen haben. Wer dem Insekt, das in das Wasser gefallen ist, das rettende Blatt zuwirft, tut nichts anderes als in dem Sühnen, das wir der Kreatur schulden, zu dienen. Die Wissenschaft hat uns sie nicht nur unserem Wissen näher gebracht, sondern uns auch durch ein neues sittliches Band mit ihr verbunden.

Dass unsere Sittlichkeit den unter uns stehenden Lebewesen gegenüber eine so unglaublich rudimentäre ist und sich auf vereinzelte Empfindungen des Mitleids beschränkt, liegt zu einem guten Teil daran, dass das Christentum seiner Erziehungspflicht hierin nicht genügt hat. Jahrhundertelang hat es uns von dem Nachdenken über unser Verhältnis zu den anderen Lebewesen stetig abgelenkt. Einseitig von dem Interesse am Dogma beherrscht, dass der Mensch allein Seele besitze, war es vor allem darauf aus, in jeder Weise seine Verschiedenheit von der übrigen Kreatur zur Anerkennung zu bringen. Das natürliche Überlegen und Empfinden konnte die willkürlichen und anmaßenden Behauptungen, die die Würde des Menschen begründen sollten, ins Wanken bringen. So wurde in der europäischen Kultur die Gedankenlosigkeit gegen die Kreatur unterhalten.

Wie gründlich dies gelang, zeigt sich darin, dass die Philosophie, bis tief in das neunzehnte Jahrhundert hinein, von den Vorurteilen über den Menschen und der damit einhergehenden Indifferenz gegen die Kreatur beherrscht ist und auch heute noch nicht davon loskommt.

Die von dem Christentum gepredigte Fremdheit zwischen dem höchsten und den niedereren Lebewesen ließ nicht einmal das natürliche Mitleid mit diesen zu seinem Rechte kommen. Was sich an überlegter Humanität ihnen gegenüber in manchen gesetzlichen Bestimmungen des Alten Testamentes ankündigt, wurde nicht übernommen und nicht ausgebildet.

In den indischen Religionen ist die Einheit zwischen menschlichem und kreatürlichem Sein anerkannt. Aber sie dient in erster

Bei der Schreibtischarbeit in Lambarene «assistierte» Albert Schweitzer häufig eine Katze, hier in seiner «Apotheke», in der auch die Personalien der Patienten aufbewahrt wurden.

Linie dogmatischen Vorstellungen über die Existenz nach dem Tode und die stetige Wiederkehr zum Leben. Die sittlichen Folgerungen, die aus ihr gezogen werden, sind oberflächlich und verirren sich ins Abstruse. Sie halten sich, wie bei Schopenhauer, in den Grenzen eines tatenlosen Mitleidens. Der vorausgesetzte Begriff des Lebens hat zu wenig positiven Gehalt, um weiterführen zu können.

Neben der Einseitigkeit der christlichen Religion ist es die weitgehende Loslösung von der Natur, die unsere Fremdheit gegen die Kreatur unterhält. Fortwährend mehrt sich die Zahl derer, die in der großen Stadt, ohne Tiere als Gefährten zu kennen, aufgewachsen sind. In ihrem unmittelbaren Erleben ist nichts, das sie auf die Fragen unseres Verhältnisses zur Kreatur bringt. Diese ist fast ein toter

Begriff für sie geworden. Dementsprechend haben sie besondere Schwierigkeit, sich zum Allgemeinsten des sittlichen Denkens zu erheben. Die Mentalität des Großstädters gefährdet die Kultur auch in dieser Hinsicht.

Die unvollständige Ethik

Der folgende Text ist dem XX. Kapitel von Kultur und Ethik. Zweiter Teil *entnommen. Der nur auf Mensch und Gesellschaft bezogenen Moral hat Schweitzer die universelle «Ethik der Hingebung» entgegen gestellt, die vor allem auch auf das Wohl und den Schutz der Tiere gerichtet ist.*

Wie die Hausfrau, die die Stube gescheuert hat, Sorge trägt, dass die Türe zu ist, damit ja der Hund nicht hereinkomme und das getane Werk durch die Spuren seiner Pfoten entstelle, also wachen die europäischen Denker darüber, dass ihnen keine Tiere in der Ethik herumlaufen. Was sie sich an Torheiten leisten, um die überlieferte Engherzigkeit aufrechtzuerhalten und auf ein Prinzip zu bringen, grenzt ans Unglaubliche. Entweder lassen sie das Mitgefühl gegen Tiere ganz weg, oder sie sorgen dafür, dass es zu einem nichtssagenden Rest zusammenschrumpft. Lassen sie etwas mehr davon bestehen, so glauben sie, dafür weiter geholte Rechtfertigungen, wenn nicht gar Entschuldigungen vorbringen zu müssen.

Es ist, als hätte Descartes mit seinem Ausspruch, dass die Tiere bloße Maschinen sind, die ganze europäische Philosophie behext.

Ein so bedeutender Denker wie Wilhelm Wundt entstellt seine Ethik durch folgende Sätze: «Das einzige Objekt des Mitgefühls ist der Mensch ... Die Tiere sind für uns Mitgeschöpfe, ein Ausdruck, durch welchen die Sprache schon darauf hinweist, dass wir nur mit Bezug auf den letzten Grund alles Geschehens, die Schöpfung, hier eine Art Nebenordnung anerkennen. So können denn auch den Tieren gegenüber Regungen entstehen, die dem Mitgefühl einigermaßen verwandt sind; aber zum wahren Mitgefühl fehlt immer die Grundbedingung der inneren Einheit unseres Willens mit dem ihren.» Als Krönung dieser Weisheit stellt er zum Schlusse die Behauptung auf, dass von einer Mitfreude mit Tieren jedenfalls nicht die Rede sein könne, als hätte er nie einen durstigen Ochsen saufen sehen.

Kant betont ausdrücklich, dass die Ethik es nur mit Pflichten der Menschen gegen Menschen zu tun habe. Die «menschliche» Behandlung der Tiere glaubt er dadurch rechtfertigen zu müssen, dass er sie als eine Übung der Empfindlichkeit hinstellt, die unserem teilnehmenden Verhalten gegen Menschen förderlich ist [...]

So gilt es dem europäischen Denken als ein Dogma, dass die Ethik es eigentlich nur mit dem Verhalten des Menschen zum Menschen und zur Gesellschaft zu tun habe.

Der Konflikt mit der Wirklichkeit

Albert Schweitzer war sich darüber im Klaren, dass der Ethik der Ehrfurcht vor allem *Leben gleichsam naturgesetzliche Grenzen gesetzt sind. Ihrem unbedingten Gebot, Leben zu bewahren, widerstreitet in vielen Fällen die unausweichliche und paradoxe Notwendigkeit, Leben zu vernichten, um Leben zu erhalten. Die absolute Ethik bleibt folglich in vieler Hinsicht ein hohes Ideal; sie relativiert sich im Vollzug selber, wie der von Schweitzer dafür geprägte Begriff der «Selbstentzweiung des Willens zum Leben» deutlich zeigt.*

Auch ich bin der Selbstentzweiung des Willens zum Leben unterworfen. Auf tausend Arten steht meine Existenz mit anderen in Konflikt. Die Notwendigkeit, Leben zu vernichten und Leben zu schädigen, ist mir auferlegt. Wenn ich auf einsamem Pfade wandle, bringt mein Fuß Vernichtung und Weh über die kleinen Lebewesen, die ihn bevölkern. Um mein Dasein zu erhalten, muss ich mich des Daseins, das es schädigt, erwehren. Ich werde zum Verfolger des Mäuschens, das in meinem Hause wohnt, zum Mörder des Insekts, das darin nisten will, zum Massenmörder der Bakterien, die mein Leben gefährden können. Meine Nahrung gewinne ich durch Vernichtung von Pflanzen und Tieren. Mein Glück erbaut sich aus der Schädigung der Nebenmenschen.

Wie behauptet sich die Ethik in der grausigen Notwendigkeit, der ich durch die Selbstentzweiung des Willens zum Leben unterworfen bin?

Die gewöhnliche Ethik sucht Kompromisse. Sie will festlegen, wie viel ich von meinem Dasein und von meinem Glück dahingeben muss und wie viel ich auf Kosten des Daseins und Glücks anderen

Lebens davon behalten darf. Mit diesen Entscheiden schafft sie eine angewandte, relative Ethik. Was in Wirklichkeit nicht ethisch, sondern ein Gemisch von nichtethischer Notwendigkeit und von Ethik ist, gibt sie als ethisch aus. Damit stiftet sie eine ungeheure Verwirrung an. Sie lässt eine immer zunehmende Verdunkelung des Begriffes des Ethischen aufkommen.

Die Ethik der Ehrfurcht vor dem Leben erkennt keine relative Ethik an. Als gut lässt sie nur Erhaltung und Förderung von Leben gelten. Alles Vernichten und Schädigen von Leben, unter welchen Umständen es auch erfolgen mag, bezeichnet sie als böse. Gebrauchsfertig zu beziehende Ausgleiche von Ethik und Notwendigkeit hält sie nicht auf Lager. Immer von neuem und in immer originaler Weise setzt die absolute Ethik der Ehrfurcht vor dem Leben sich im Menschen mit der Wirklichkeit auseinander. Sie tut die Konflikte nicht für ihn ab, sondern zwingt ihn, sich in jedem Falle selber zu entscheiden, inwieweit er ethisch bleiben kann und inwieweit er sich der Notwendigkeit von Vernichtung und Schädigung von Leben unterwerfen und damit Schuld auf sich nehmen muss. Nicht durch empfangene Anleitung zu Ausgleichen zwischen ethisch und notwendig kommt der Mensch in der Ethik voran, sondern nur dadurch, dass er die Stimme des Ethischen immer lauter vernimmt, dass er immer mehr von Sehnsucht beherrscht wird, Leben zu erhalten und zu fördern, und dass er in dem Widerstande gegen die Notwendigkeit des Vernichtens und Schädigens von Leben immer hartnäckiger wird.

Nur subjektive Entscheide kann der Mensch in den ethischen Konflikten treffen. Niemand kann für ihn bestimmen, wo jedes Mal die äußerste Grenze der Möglichkeit des Verharrens in der Erhaltung und Förderung von Leben liegt. Er allein hat es zu beurteilen, indem er sich dabei von der aufs höchste gesteigerten Verantwortung gegen das andere Leben leiten lässt.

Nie dürfen wir abgestumpft werden. In der Wahrheit sind wir, wenn wir die Konflikte immer tiefer erleben. Das gute Gewissen ist eine Erfindung des Teufels.

Was sagt die Ehrfurcht vor dem Leben über die Beziehungen zwischen Mensch und Kreatur?

Wo ich irgendwelches Leben schädige, muss ich mir darüber klar sein, ob es notwendig ist. Über das Unvermeidliche darf ich in nichts hinausgehen, auch nicht in scheinbar Unbedeutendem. Der Landmann, der auf seiner Wiese tausend Blumen zur Nahrung für seine Kühe hingemäht hat, soll sich hüten, auf dem Heimweg in geistlosem Zeitvertreib eine Blume am Rande der Landstraße zu köpfen, denn damit vergeht er sich an Leben, ohne unter der Gewalt der Notwendigkeit zu stehen.

Diejenigen, die an Tieren Operationen oder Medikamente versuchen oder ihnen Krankheiten einimpfen, um mit den gewonnenen Resultaten Menschen Hilfe bringen zu können, dürfen sich nie allgemein dabei beruhigen, dass ihr grausames Tun einen wertvollen Zweck verfolge. In jedem einzelnen Falle müssen sie erwogen haben, ob wirklich Notwendigkeit vorliegt, einem Tiere dieses Opfer für die Menschheit aufzuerlegen. Und ängstlich müssen sie darum besorgt sein, das Weh, soviel sie nur können, zu mildern. Wie viel wird in wissenschaftlichen Instituten durch versäumte Narkosen, die man der Zeit und Müheersparnis halber unterlässt, gefrevelt! Wie viel auch dadurch, dass Tiere der Qual unterworfen werden, nur um Studenten allgemein bekannte Phänomene zu demonstrieren! Gerade dadurch, dass das Tier als Versuchstier in seinem Schmerze so Wertvolles für den leidenden Menschen erworben hat, ist ein neues, einzigartiges Solidaritätsverhältnis zwischen ihm und uns geschaffen worden. Ein Zwang, aller Kreatur alles irgend mögliche Gute anzutun, ergibt sich daraus für jeden von uns. Indem ich einem Insekt aus seiner Not helfe, tue ich nichts anderes, als dass ich versuche, etwas von der immer neuen Schuld der Menschen an die Kreatur abzutragen. Wo irgendwie das Tier zum Dienst des Menschen gezwungen wird, muss jeder von uns mit den Leiden beschäftigt sein, die es um dessentwillen zu tragen hat. Keiner von uns darf ein Weh, für das die Verantwortung nicht zu tragen ist, geschehen lassen, soweit er es nur hindern kann. Keiner darf sich dabei beruhigen, dass er sich damit in Sachen mischen würde, die ihn nichts angehen. Keiner darf die Augen schließen und das Leiden, dessen Anblick er sich erspart, als nicht geschehen ansehen. Keiner mache sich die Last seiner Verantwortung leicht. Wenn so viel Misshandlung der Kreatur vorkommt, wenn der Schrei der auf dem Eisenbahntransport verdurstenden Tiere ungehört verhallt, wenn in unsern Schlachthäusern so viel Rohheit waltet, wenn in unsern Küchen Tiere von ungeübten Händen qualvollen Tod empfangen, wenn Tiere durch unbarmherzige Menschen Unmögliches erdulden oder dem grausamen Spiele von Kindern ausgeliefert sind, tragen wir alle Schuld daran.

Wir fürchten aufzufallen, indem wir uns anmerken lassen, wie sehr wir von dem Leiden, das der Mensch über die Kreatur bringt, bewegt werden. Dabei meinen wir, andere seien «vernünftiger» geworden als wir und nähmen das, worüber wir uns aufregen, als gewohnt und selbstverständlich hin. Plötzlich aber entgleitet ihnen dann einmal ein Wort, das uns zeigt, dass auch sie sich noch nicht damit abgefunden haben. Bisher fremd, stehen sie uns nun ganz nahe. Die Maske, in der wir einander täuschten, fällt ab. Wir wissen nun voneinander, dass wir miteinander von dem Grausigen, das sich unaufhörlich um uns abspielt, nicht loskommen können. Oh, dieses Bekanntwerden!

Die Ethik der Ehrfurcht vor dem Leben wehrt uns, durch Stillschweigen uns gegenseitig glauben zu lassen, dass wir nicht mehr erleben, was wir als denkende Menschen erleben müssen. Sie gibt uns ein, uns in diesem Erleiden gegenseitig wach zu halten und miteinander unerschrocken nach der Verantwortung, wie wir sie empfinden, zu reden und zu tun. Sie lässt uns miteinander nach Gelegenheit spähen, für so viel Elend, das Menschen den Tieren zufügen, Tieren in irgendetwas Hilfe zu bringen und damit für einen Augenblick aus dem unbegreiflichen Grauen des Daseins herauszutreten.

Gütigkeit gegen alle Lebewesen

Am 20. Oktober 1952 hielt Albert Schweitzer vor der Pariser Académie des Sciences Morales et Politiques einen Vortrag über «Das Problem der Ethik in der Höherentwicklung des menschlichen Denkens». Den Kennern seiner Kulturphilosophie von 1923 hat er damit nichts Neues gesagt. Aber einen besonderen Akzent hatte er auf die Entwicklung der Ethik gelegt. Er ließ sie mit den so genannten «Primitiven» beginnen, wie er sie in Afrika selber kennen gelernt hatte, und führte sie dann weiter über die chinesischen, indischen und altgriechischen Denker, sowie über das Christentum der Antike und des Mittelalters bis hin zu den großen Philosophen der Neuzeit. Jedoch erst mit ihm, mit Albert Schweitzer, gelangte sie zur Solidarität auch mit nichtmenschlichem Leben, wodurch sie zu einer vollständigen, freilich auch zu einer mit Problemen konfrontierten Ethik wurde.

Albert Schweitzer führte in Lambarene stets ein Säckchen Reis mit sich. Wo immer es sich anbot, fütterte er daraus seine kleinen Schützlinge.

In dem Nachdenken über das Problem der Hingebung kommen wir auch dazu, den Kreis unserer ethischen Betätigung weiter zu ziehen, als es bisher geschah. Es geht uns auf, dass die Ethik es nicht nur mit den Menschen, sondern auch mit den Geschöpfen zu tun hat. Diese haben mit uns ja gemein, dass auch sie Wohlergehen ersehnen, Leiden erleiden und Grauen vor dem Vernichtetwerden haben. Wer sich ein unversehrtes Empfinden bewahrt hat, findet das Bedürfnis der Anteilnahme am Schicksal aller Lebewesen natürlich. Das Denken kann nicht anders als anerkennen, dass gütiges Verhalten der Kreatur gegenüber eine natürliche Forderung der Ethik ist. Dass sie zaudert, es zu tun, hat seine Gründe. Tatsächlich ergeben sich aus dem Beschäftigtsein mit dem Schicksal aller Lebewesen, mit denen wir es zu tun haben, noch vielfältigere und verwirrendere Konflikte, als sie die auf den Menschen beschränkte Hingabe mit sich bringt. Das Neue und Tragische ist, dass wir auf diesem Gebiet fort und fort in die Lage kommen, uns für Töten oder Am-Leben-Lassen entscheiden [zu] müssen. Der Bauer kann nicht alle Tiere aufziehen, die in seiner Herde geboren werden. Er wird nur so viele behalten, als er ernähren kann und deren Aufzucht ihm gute Einnahmen sichert. In vielen Fällen sind wir auch genötigt, Lebewesen zu opfern, um andere, die von ihnen bedroht sind, zu retten.

Wer einen aus dem Nest gefallenen Vogel aufhebt, findet sich – um ihn füttern zu können – genötigt, kleine Lebewesen zu töten. Dieses Handeln ist völlig willkürlich. Mit welchem Recht opfert er eine Vielzahl von Leben um eines einzigen willen? Mit der gleichen Willkür verfährt er, wenn er ihm unsympathische Tiere vernichtet, um andere vor ihnen zu schützen.

Es ist somit Sache eines jeden von uns, darüber zu entscheiden, ob er auf Grund einer unvermeidlichen Notwendigkeit Lebewesen zum Leiden oder zum Tode verurteilt und dadurch schuldig wird. Einige Sühne für solche Schuld leistet derjenige, der sich auferlegt, keine Gelegenheit zu versäumen, um in Not befindlicher Kreatur beizustehen. Wie viel weiter wären wir schon, wenn die Menschen sich um das Wohl der Kreatur sorgten und alle dem Übel entsagten, das sie ihr aus Gedankenlosigkeit zufügen. Der Kampf gegen die antihumanen Traditionen und unmenschlichen Gefühle, die in unserer Zeit noch vorhanden sind, ist uns auferlegt.

Als Beispiele solcher unmenschlichen Gepflogenheiten, die unsere Zivilisation und unser Gefühl nicht länger dulden sollten, seien die Stierkämpfe in der Arena und die Hetz- und Treibjagden angeführt.

Die Ethik, die sich nicht auch mit unserem Verhalten zur Kreatur beschäftigt, ist unvollständig. Den Kampf gegen die Unmenschlichkeit haben wir ganz und stetig zu führen. Es muss dahin kommen, dass Töten als Spiel als Schande unserer Kultur empfunden wird [...]

In der Hauptsache gebietet die Ehrfurcht vor dem Leben dasselbe wie der ethische Grundsatz der Liebe. Nur trägt die Ehrfurcht vor dem Leben die Begründung des Gebotes der Liebe in sich und verlangt Mitleid mit aller Kreatur.

Zu bemerken ist auch, dass die Ethik der Liebe uns nur unser Verhalten zu den anderen, nicht auch gegen uns selbst eingibt. Die Forderung der Wahrhaftigkeit, die ein Grundelement der ethischen Persönlichkeit ist, lässt sich von ihr nicht ableiten. Tatsächlich aber ist es die Ehrfurcht, die wir unserem eigenen Dasein entgegenzubringen haben, die uns anhält, uns immer selber treu zu bleiben, indem wir auf jede Verstellung, von der wir in dieser oder jener Lage Gebrauch gemacht hätten, verzichten und im Kampfe, durchaus wahrhaftig zu bleiben, nicht erlahmen.

Nur die Ethik der Ehrfurcht vor dem Leben ist vollständig. Sie ist es in jeder Hinsicht. Die Ethik, die es nur mit dem Verhalten des Menschen zu seinem Mitmenschen zu tun hat, kann sehr tief und lebendig sein. Sie bleibt aber unvollständig. So konnte es nicht ausbleiben, dass das Denken einmal dazu kam, an der als unverboten geltenden herzlosen Behandlung andersartiger Lebewesen Anstoß zu nehmen und von der Ethik zu verlangen, sich auch ihrer zu erbarmen. Nur zögernd entschloss sie sich, damit Ernst zu machen. Erst seit einiger Zeit kommt dieses Unternehmen ersichtlich in Gang und findet Beachtung in der Welt.

Aber schon beginnt anerkannt zu werden, dass die Ethik der Ehrfurcht vor dem Leben, die Gütigkeit gegen alle Lebewesen verlangt, dem natürlichen Empfinden des denkenden Menschen entspricht.

Durch ethisches Verhalten zu aller Kreatur gelangen wir in ein geistiges Verhältnis zum Universum.

In der Welt ist der Wille zum Leben in Konflikt mit sich selber. In uns will er in Frieden mit sich selbst sein.

In der Welt tut er sich kund, in uns offenbart er sich.

Der Geist gebietet uns, anders zu sein als die Welt. Durch die Ehrfurcht vor dem Leben werden wir in elementarer, tiefer und lebendiger Weise fromm.

Verantwortung gegenüber allen Geschöpfen

Die neuzeitliche Tierschutzbewegung ist relativ jung. Sie begann in Großbritannien. Dort wurde 1822 das erste Tierschutzgesetz der Welt erlassen, das Grausamkeiten gegen Tiere zum Gesetzesverstoß erklärte. In Deutschland war es der Stuttgarter Pfarrer Christian Adam Dann (1758–1837), der den organisierten Tierschutz vorbereitete. Sein «Nachfolger», Pfarrer Albert Knapp in Stuttgart (1798–1864), gründete 1837 den ersten deutschen Tierschutzverein (vgl. dazu G. M. Teutsch, Mensch und Tier. Lexikon der Tierschutzethik, Göttingen 1987, 208–210). Albert Schweitzer hat die Entwicklung der Tierschutzbewegung miterlebt. Von früher Jugend an nahm er leb-

haften Anteil an ihr und versuchte später immer wieder, sie mit seinem ethischen Gedankengut zu bereichern. Der nachstehende Text ist unter der Überschrift «Philosophie und Tierschutzbewegung» um 1950 herum als Privatdruck verbreitet worden. Frau Emmy Martin, eine Mitarbeiterin Schweitzers, übermittelte ihn später an Hans Walter Bähr in Tübingen, der ihn schließlich 1966 erstmals veröffentlichte. Ganz ähnlich wie in dem Vortrag vor der Pariser Akademie (s. oben S. 79–82) wird in ihm als sittliche Pflicht gefordert, die Liebe zu den Menschen um die gegen die Geschöpfe zu erweitern.

Die Tierschutzbewegung hat von der europäischen Philosophie keine Unterstützung erfahren. Entweder hält diese die Betätigung des Mitleids gegen die Geschöpfe für eine Sentimentalität, die mit vernünftiger Ethik nichts zu tun hat, oder sie gesteht ihr nur eine mehr nebensächliche Bedeutung zu. Für Descartes sind die Tiere bloße Maschinen. Sie bedürfen unseres Mitleids nicht. Der englische Ethiker Jeremy Bentham (1748–1832) sieht die Güte den Geschöpfen gegenüber hauptsächlich als eine Übung der Güte gegen die Menschen an. Ähnlich urteilt Kant. Ausdrücklich betont er, dass die Ethik eigentlich nur mit den Pflichten des Menschen gegen den Menschen zu tun hat.

Diesen grundsätzlichen Standpunkt sucht die europäische Philosophie festzuhalten, auch wo sie der Tierschutzbewegung sympathisch gegenübersteht. Sie kann sich nicht entschließen, den entscheidenden Schritt zu tun, das gütige Verhalten gegen die Geschöpfe in absolut derselben Weise als eine Forderung der Ethik gelten zu lassen wie das gegen die Menschen.

In dem chinesischen und dem indischen Denken spielt die Verantwortlichkeit des Menschen der Kreatur gegenüber eine viel größere Rolle als in dem europäischen.

In ergreifenden Worten redet der chinesische Philosoph Meng-Tse (372–289), der der Schule des Konfuzius (552–479) angehört, von dem Mitleid gegen die Tiere. Lieh-Tse, aus der Schule des Lao-Tse (6. Jahrhundert v. Chr.), spricht die Überzeugung aus, dass das Herz und das Gemüt der Tiere nicht so sehr von denen der Menschen verschieden seien, wie man es gewöhnlich annehme. Yang-Dschu bekämpft das Vorurteil, als ob die Geschöpfe nur um des Menschen willen und zu seinem Gebrauch da seien. Ihre Existenz habe eine Bedeutung und einen Wert an sich.

Eine große Rolle spielt das Mitleid gegen die Tiere in dem *Kan-Ying-Pien* (Das Buch von den Belohnungen und den Strafen), einer chinesischen Sammlung von 212 ethischen Sprüchen, die aus der Zeit der Sung-Dynastie (960–1227 n. Chr.) stammt. Die Sprüche selber sind wohl viel älter. In dieser Spruchsammlung, die noch heute ein großes Ansehen im Volke besitzt, wird der Gedanke ausgedrückt, dass der «Himmel» (das heißt Gott) allen Kreaturen das Leben verleiht. Also müssen wir, um mit dem «Himmel» in Harmonie zu sein, uns gütig gegen alle Geschöpfe verhalten. Das *Kan-Ying-Pien* verurteilt die Freude an der Jagd als unedel. Es rechnet auch die Pflanzen zu den Geschöpfen und verlangt, dass man sie nicht ohne Notwendigkeit schädige. Von dieser Spruchsammlung existiert eine Ausgabe, in der jeder vom Mitleid gegen die Tiere handelnde Spruch durch einige Erzählungen erläutert wird.

In den Regeln der taoistischen Mönchsorden, auf die die Mönche auch heute noch verpflichtet werden, wird ihnen Gütigkeit gegen die Geschöpfe zur Pflicht gemacht. So, zum Beispiel, sollen sie es vermeiden, kochendes Wasser auf den Boden zu gießen, weil dadurch Insekten getötet oder geschädigt werden könnten.

Dem indischen Denken ist der Grundsatz der Zusammengehörigkeit aller Existenzen – der menschlichen, der tierischen und der pflanzlichen – etwas Selbstverständliches. Er ist in der Anschauung der Brahmanen gegeben, dass alle individuellen Seelen aus der Welt-Seele (dem Brahman) hervorgehen und wieder in sie zurückkehren. Er findet sich auch in der Lehre der Reinkarnation. Das Verhältnis des Menschen zu den Kreaturen ist durch das Gebot des Nicht-tötens und Nichtschädigens – das gewöhnlich als Ahimsā-Gebot bezeichnet wird – bestimmt. Die Idee der Ahimsā ist wohl nicht brahmanischen Ursprungs, da sonst unerklärlich bliebe, wie die Brahmanen an dem Brauche der Tieropfer festhalten konnten. Sie scheint in den Kreisen der jainistischen Mönche aufgekommen zu sein. Die Anfänge dieses Mönchsordens reichen wohl bis in das 8. Jahrhundert v. Chr. zurück.

Der Ursprung des Ahimsā-Gebotes ist – so merkwürdig uns dies vorkommen mag – nicht das lebendige Mitleid mit der Kreatur, sondern die Idee des Reinbleibens von der Welt. Das Ahimsā-Gebot ergibt sich aus dem allgemeinen Prinzip des Nichttätigseins, wie es in der indischen Welt- und Lebensverneinung begründet ist und wie es die Mönche in Weltentsagung zu verwirklichen suchen. Es ist eine ethische Deutung dieses Prinzips. War aber einmal das Gebot des Nichttötens und Nichtschädigens auf diesem Wege zur Anerkennung gekommen, so war unausbleiblich, dass es nachher aus dem Motive des Mitleids verstanden und ausgelegt wurde. Dies findet dann tatsächlich bei Buddha (gestorben etwa 480 v. Chr.) statt.

Aber das indische Mitleid mit der Kreatur ist unvollständig. Es gebietet nur, dass man das Töten und Schädigen von Lebewesen unterlassen solle, nicht aber auch, dass man ihnen in tätiger Weise beistehen solle. In dieser Beschränkung zeigt sich, dass die Ahimsā-Idee nicht aus lebendigem Mitleidsempfinden entstanden ist, sondern ursprünglich eine ethische Anwendung des sich aus der Welt- und Lebensverneinung ergebenden Prinzips der Nichtaktivität ist. Natürlich bleibt auch in Indien das Mitleid nicht streng in dem Kreise der Enthaltung vom Tun eingeschlossen. Aber die indische Ethik ist, soweit sie unter der Herrschaft der Welt- und Lebensverneinung steht, nicht in der Lage, tätiges Mitleid gegen die Kreatur grundsätzlich zu fordern.

Sehr oft wird die Frage aufgeworfen, warum das Mitleid gegen die Kreatur nicht vom Christentum als Gebot aufgestellt worden sei, besonders da das jüdische Gesetz schon Bestimmungen der Fürsorge für die Tiere enthält. Die Erklärung ist darin zu suchen, dass das Urchristentum in der Erwartung des baldigen Weltendes lebt und also den Tag für nahe bevorstehend hält, wo alle Kreatur von ihrem Leiden erlöst werden wird. Von der Sehnsucht aller Kreatur nach baldiger Erlösung redet der Apostel Paulus im 8. Kapitel (Vers 18–24) des Briefes an die Römer. In jenen Versen spricht sich sein tiefes Mitempfinden mit den Geschöpfen aus. Weil nun aber das Aufhören der natürlichen Welt mit ihrem Leiden und Elend als so nahe angesehen wird, kommen für ihn Bemühungen zum Schutze der Tiere ebenso wenig mehr in Betracht als solche zur Aufhebung der Sklaverei. So erklärt sich, dass das christliche Gebot der Liebe das Mitleid gegen die Tiere nicht ausdrücklich verlangt, obwohl es eigentlich darin enthalten ist.

Jeder unbefangen denkende Mensch kann nicht anders als die Liebe nicht nur den Menschen, sondern auch der Kreatur gegenüber zu betätigen. Wir, da wir die Erlösung der Kreatur von ihrem Leiden nicht mehr von dem nahen Weltende erwarten, werden durch das in unserem Herzen und Denken enthaltene und von Jesus ausgesprochene Gebot der Liebe gezwungen, unserem natürlichen Mitempfinden gegen die Geschöpfe freien Lauf zu lassen und ihnen, soweit wir es nur immer können, Hilfe zu bringen und Leiden zu ersparen.

So sind wir Europäer und Europäerabkömmlinge, obwohl das unter uns geltende philosophische Denken uns gar nicht auf diesen Weg führte, dazu gekommen, der Frage unseres Verhaltens und unserer Verantwortung den Geschöpfen gegenüber unsere Aufmerksamkeit zuzuwenden und der Forderung der Liebe zu den Menschen die der Liebe gegen die Tiere an die Seite zu setzen.

Gerne geben wir zu, dass in dem chinesischen und indischen Denken die Frage Mensch und Kreatur früher eine Rolle zu spielen begann als bei uns und dass die chinesische und indische Ethik grundsätzlich Pflichten und Verantwortung des Menschen gegen die Tiere festlegten. Zugleich aber glauben wir feststellen zu können, dass das, was wir heute in Wort und Tat für die Geltendmachung der Verantwortung des Menschen den Geschöpfen gegenüber unternehmen, auch seine Bedeutung hat und der chinesischen und indischen Ethik Anregungen zu bieten vermag.

Es ist ja nicht so, dass die chinesische und indische Ethik das Problem des Verhältnisses der Menschen zur Kreatur wirklich lösen. Was sie in dieser Hinsicht bieten, ist Stückwerk und kann nicht befriedigen. Das Große an der chinesischen Ethik ist, dass sie ein natürliches und tätiges Mitleid mit der Kreatur vertritt. Aber sie ist weit davon entfernt, die Frage Mensch und Kreatur in ihrem ganzen Umfange aufzurollen. Auch hat sie nicht vermocht, das Volk zu wirklicher Gütigkeit gegen die Geschöpfe zu erziehen. Allzu früh trat Stillstand im chinesischen Denken ein. Es erstarrte in Scholastik und hielt sich nur an das, was an Liebe zu den Geschöpfen von den Denkern des Altertums überliefert war, statt es weiterzubilden.

Die indische Ethik ist in dem, was sie über Mensch und Kreatur sagt, unbefriedigend, weil sie nur das mitleidsvolle Nichttöten und Nichtschädigen, nicht aber auch das mitleidsvolle Helfen gebietet. Das schwere Problem, ob der Mensch das Töten und Schädigen vermeiden könne, wird in ihr nicht aufgeworfen und nicht behandelt. Sie lässt dem Menschen die Illusion, als ob er sich vom Töten und Schädigen von Geschöpfen freihalten und so das Ahimsā-Gebot wirklich erfüllen könne. Sie unterlässt es, ihn dazu zu erziehen, die Last seiner Verantwortung den Geschöpfen gegenüber in ihrer ganzen Schwere zu empfinden.

Die Philosophie will sich die Ethik als ein wohlgeordnetes System von wohl durchführbaren Pflichten und Geboten vorstellen. Sobald wir aber den Grundsatz der Liebe irgendwie anerkennen, langen wir, auch wenn wir ihn nur auf Menschen beschränken, tatsächlich bei einer Ethik grenzenloser Verantwortungen und Pflichten an. Liebe lässt sich nicht reglementieren. Sie gebietet in absoluter Weise. Jeder von uns muss in subjektiver Weise den Entscheid treffen, wie weit er in der Ausführung der grenzenlosen Gebote der Liebe gehen kann, ohne sein eigenes Dasein aufzugeben, und was er von seinem Leben und seinem Glück für das Leben und Glück anderer hingeben muss. Dass die Ethik durch die Anerkennung des Prinzips der Liebe aufhört reglementierbar zu sein, darüber kann man sich hinwegzutäuschen versuchen, solange man sie nur in Liebe zu den Menschen bestehen lässt. Gibt man aber zu, dass das Prinzip der Liebe auf alle Kreatur auszudehnen sei, so erkennt man damit an, dass das Gebiet der Ethik grenzenlos ist. Man kann sich nunmehr der Einsicht nicht mehr verschließen, dass sie ihrem ganzen Wesen nach grenzenlos ist und uns grenzenlose Verantwortungen und grenzenlose Pflichten auferlegt.

Weil die Ausdehnung des Prinzips der Liebe auf die Geschöpfe eine solche Revolution für die Ethik bedeutet, wehrt sich die Philosophie dagegen, diesen Schritt zu tun. Sie möchte bei einer Ethik verbleiben, die dem Menschen in klaren, vernünftigen, keine übertriebenen Forderungen stellenden Geboten sein Verhalten zu den anderen Menschen und zur Gesellschaft vorschreibt.

Wer sich ernstlich mit der Frage des Mitleids gegen die Tiere beschäftigt, weiß, dass es leicht ist, im Allgemeinen solches Mitleid zu predigen, aber außerordentlich schwer, Regeln für seine Betätigung in den einzelnen Fällen aufzustellen. Es kommt hier nicht nur die Frage in Betracht, wann das Dasein oder das Wohlergehen eines Geschöpfes der Existenz und den Bedürfnissen des Menschen geopfert werden darf, sondern auch die, wie wir uns zu entscheiden haben, wenn die Existenz oder das Wohlergehen des einen Geschöpfes der Existenz oder dem Wohlergehen des anderen geopfert werden muss. In welcher Weise ist es berechtigt, wenn wir, um ein armes, verlassenes Vögelein zu unterhalten, Insekten fangen und sie ihm zum Futter geben? Nach welchem Prinzip entscheiden wir uns, eine Vielfalt anderer Existenzen zu opfern, um die eine zu erhalten?

Ethik, die uns Ehrfurcht vor allem Leben und Liebe zu allem Leben lehren will, muss uns zugleich in schonungsloser Weise die Augen darüber öffnen, in wie vielfacher Weise wir uns in der Notwendigkeit befinden, Leben zu vernichten und zu schädigen, und in welch' schweren Konflikten wir uns ständig bewegen, wenn wir wagen, uns nicht durch Gedankenlosigkeit zu betäuben.

Weil sie ein instinktives Empfinden dafür hat, in welche Schwierigkeiten die Ethik gerät, wenn sie das Gebot der Liebe zu allen lebendigen Wesen proklamiert, sucht die europäische Philosophie bis in unsere Zeit bei dem Grundsatze zu verbleiben, dass die Ethik es nur mit dem Verhalten des Menschen zu den Nebenmenschen und zur menschlichen Gesellschaft zu tun habe und dass die Liebe zu den Geschöpfen gewissermaßen nur einen Anbau an die wirkliche Ethik bedeute. Wohl kann ihr nicht entgehen, dass sie sich damit in Widerspruch zu unserem natürlichen Empfinden setzt. Aber sie nimmt lieber dies auf sich, als dass sie sich entschließt, sich auf das schwere Wagnis einer Ethik grenzenloser Pflichten und grenzenloser Verantwortungen einzulassen.

Sie verteidigt aber eine bereits verlorene Position. Das Denken kann der Ethik der Ehrfurcht vor allem Leben und der Liebe zu allem Leben nicht entgehen. Es wird die alte, begrenzte Ethik aufgeben und die grenzenlose anerkennen müssen. Andererseits aber müssen diejenigen, die die Forderung der Liebe zu allen Geschöpfen vertreten, sich darüber klar sein, wie schwer die Probleme der grenzenlosen Ethik sind, und müssen entschlossen sein, dem Menschen die Konflikte, die diese Ethik für ihn bedeutet, nicht zu verschleiern, sondern ihn diese wirklich erleben zu lassen.

Die Ethik der Liebe zu allen Geschöpfen im Einzelnen auszudenken: dies ist die schwere Aufgabe, die unserer Zeit gestellt ist.

Humanität

Im Jahr 1961 sandte Albert Schweitzer einen kurzen Text mit der oben stehenden Überschrift an seinen Freund Hans Walter Bähr in Tübingen, der ihn 1966 veröffentlichte. Der Text zeigt die tiefe Verwurzelung Schweitzers in der humanistischen Tradition. Mit einem kurzen Überblick über die Geschichte des Begriffs «Humanitas» hat er die Frage verbunden, nach welchem Kriterium sich in der durch den wissenschaftlich-technischen Fortschritt bestimmten Neuzeit die wahre Humanitätsgesinnung bemisst. Antwort: nach der Ehrfurcht vor allem Leben.

Tiefe Religion und tiefes Denken haben miteinander das Humanitätsideal geschaffen und verkündet. Von ihnen haben wir es überkommen. Wir bekennen uns zu ihm und sind überzeugt, dass es das ethische Grundelement wahrer Kultur ist.

In der Neuzeit ereignet sich, dass dieses Gültigkeitsideal durch eine aufkommende neue Erkenntnis vertieft und bereichert wird. Man kommt nämlich dazu, mit der Frage beschäftigt zu sein, ob unser Mitempfinden es nur mit den Mitmenschen oder nicht auch mit allen Geschöpfen zu tun hat. Deren Dasein ist ja wie das unsere. Sie ängstigen sich wie wir, sie leiden wie wir. Sterben ist ihnen beschieden wie uns.

Wie brachten die Menschen es fertig, ihnen ihr Mitfühlen und Helfen zu versagen? Als sie schon das Humanitätsideal anerkannten, verblieben sie dennoch in der alten naiven Anschauung, dass der Mensch Herr der Schöpfung sei und mit den anderen Lebewesen teilnahmslos und gefühllos nach Belieben verfahren könnte.

Einen gab es, im Mittelalter, der eine andere Stellung zu ihnen einnahm. Es war Franziskus von Assisi (1182–1226), der Gründer des Franziskanerordens. Für ihn waren die Tiere Mitgeschöpfe, mit denen er sich ohne Worte unterhielt und ihnen Liebe entgegenbrachte.

Aber die Menschen seiner Zeit, wie auch noch die von aufeinander folgenden Generationen, ließen sich durch ihn nicht bewegen, über ihr Verhalten zur Kreatur nachdenklich zu werden. Der berühmte Philosoph Descartes (1596–1650) übernahm es sogar, sie in ihrer Mitleidslosigkeit zu bestärken. Er lehrte, dass die Tiere keine Seele hätten und darum ohne Empfinden seien und nur scheinbar Schmerz verspürten.

Aber die Wahrheit, dass der Mensch sich nicht als Herr, sondern als Bruder der Geschöpfe anzusehen habe, ließ sich auf die Dauer nicht aufhalten. Vom 18. Jahrhundert an treten solche, denen sie aufgegangen ist, für sie ein. Zuerst waren es wenige. Man bestaunte und belächelte ihre Ansichten. Ihr Mitempfinden mit den Geschöpfen sah man als unangebrachte Sentimentalität an. Nach und nach aber gewann die merkwürdige Ansicht Anhänger. Heute hat sie sich durchgesetzt.

Die Ehrfurcht vor allem Leben wird als selbstverständlich und völlig dem Wesen der Menschen entsprechend anerkannt. In den Schulen lernen die Kinder sich mit der Kreatur befreunden. Dass wir damit von der unvollständigen zur vollständigen Humanitätsgesinnung fortschreiten und der naiven Unmenschlichkeit, in der wir noch befangen waren, entsagen, ist ein bedeutungsvolles Ereignis in der Geistesgeschichte der Menschheit. Wir fühlen uns beglückt, in völliger ethischer Erkenntnis zu wandeln.

Nun heißt es für einen jeden von uns, die vollständige Gütigkeit, die unserem Wesen entspricht, zu betätigen, dass sie als eine sich in der Geschichte auswirkende Kraft offenbar werde und das Zeitalter der Humanität herauführe.

Die Ehrfurchtsethik als Religion

Der folgende Textabschnitt ist den vier «Hibbert-Vorlesungen» entnommen, die Albert Schweitzer im Oktober 1934 in Oxford und London gehalten hat. Die Institution geht auf eine Stiftung zurück, die 1847 durch Robert Hibbert (gest. 1849) gegründet wurde. Die Vorlesungen sollten zur Ausbreitung und Belebung des Christentums im Geiste der Aufklärung und der liberalen Theologie beitragen. Da Schweitzer die eigene Theologie und Philosophie in eben diesem Geiste betrieb, fiel es ihm nicht schwer, der Einladung zu den Vorlesungen zu folgen. Er fand jedoch nie die Zeit, das Vorlesungs-Manuskript druckfertig zu machen. So erklärt es sich, dass die Vorlesungen zwar vollständig, aber unfertig im Nachlassband veröffentlicht wurden. Der daraus ausgewählte Textabschnitt ist unter dem Aspekt der Tierschutzethik in zweifacher Hinsicht interessant: Zum einen beschäftigt er sich problemgeschichtlich mit der Rolle von Ethik und christlicher Religion in Fragen des Tierschutzes, zum andern bekundet er Schweitzers Anteilnahme an der politischen Entwicklung.

Es geht eine Entwicklung vor sich, in deren Verlauf der Kreis der Ethik sich immer mehr erweitert und die Ethik tiefer wird. Diese Entwicklung ist im Gange von den frühesten Zeiten an bis zur Gegenwart. Sie wird oft angehalten, gehemmt durch den Mangel an Denken unter den Menschen – ich wage zu behaupten, durch denjenigen Mangel an Denken, der das Denken charakterisiert! Aber trotzdem geht die Entwicklung bis zu Ende weiter. Der von der Ethik beschriebene Kreis erweitert sich immer mehr. Der primitive Mensch hat nur Pflichten gegenüber seinen nächsten Verwandten. Alle anderen Lebewesen sind für ihn nur Dinge; er misshandelt und tötet sie ohne Bedenken. Dann erweitert sich der Kreis zum Stamm, zum Volk und wird immer weiter, bis schließlich der Mensch sich seiner ethischen Verbindung mit der gesamten Menschheit bewusst wird. Das bedeutet eine gewaltige Leistung des Denkens.

Man denke an Plato und Aristoteles. Ihre Ethik ist engherzig. Sie kümmerten sich nur um ihre Mitbürger. Sklaven und Fremde kamen für sie nicht in Betracht. Mit dem Stoizismus beginnt sich dann der Kreis zu erweitern. Das war die größte Offenbarung griechischen Denkens. (Man verzeihe diese ketzerische Ansicht!) Da taucht plötzlich bei Seneca, Epiktet und Marc Aurel der Gedanke auf, dass die Ethik sich auf die Menschheit erstreckt. Das Denken gelangt bei jener intuitiven Erkenntnis an, welche sich schon bei den israelitischen Propheten findet und voll entwickelt wird durch Jesus.

Gewiss meint nun die Ethik, der Kreis sei weit genug. Aber nein! Die Macht, die den Kreis dazu treibt, sich zu vergrößern, vergrößert ihn weiter. Langsam entsteht in unserem europäischen Denken die Vorstellung, dass die Ethik es nicht nur mit der Menschheit zu tun hat, sondern ebenso mit der Tierwelt. Das beginnt mit Franz von Assisi. Die Deutung, die sich nur auf den Menschen bezieht, muss aufgegeben werden. So werden wir schließlich zu der Feststellung kommen, dass Ethik Ehrfurcht vor *allem* Leben bedeutet.

Ich möchte die Ethik so definieren: Gut ist Leben erhalten und Leben fördern; schlecht ist Leben schädigen und zerstören. Mag sie sich auch noch so sehr dagegen sträuben, die Ethik gelangt schließlich zur Religion Jesu. Sie muss erkennen, dass sie keine andere sinnvolle Beziehung zu anderen Wesen entdecken kann als die Beziehung der Liebe. Ethik bedeutet Erhaltung des Lebens auf dem höchsten Stand der Entwicklung – meines eigenen Lebens und fremden Lebens –, indem ich mich ihm widme in Hilfsbereitschaft und Liebe; dies beides gehört zusammen.

Und diese tiefe, universale Ethik hat die Bedeutung einer Religion. Sie *ist* Religion.

Heutzutage besteht ein Mangel an Denken, der charakterisiert ist durch Verachtung des Lebens. Wir führten Krieg um Fragen, die durch vernünftige Überlegungen hätten gelöst werden können. Niemand hat dabei gewonnen. Der Krieg tötete Millionen von Menschen, brachte Leiden über Millionen von Menschen und brachte Leiden und Tod über Millionen von unschuldigen Tieren. Warum? Weil wir nicht die vernünftigste Denkweise der Ehrfurcht vor dem Leben besaßen. Und weil wir sie nicht besitzen, fürchtet jedes Volk jedes andere, und jedes verursacht jedem anderen Furcht. Wir sind alle miteinander geistig krank, weil es uns an vernünftiger Denkweise fehlt. Es gibt kein anderes Heilmittel als die Ehrfurcht vor dem Leben, und zu ihr müssen wir gelangen.

Das Denken hat uns das nicht gegeben, aber das Denken bereitet es vor – in der Naturwissenschaft, die uns gestattet, das innere Wesen des Seins zu erkennen, und in der Ethik, die sich in einer Richtung entwickelt, in der sie ihre Vollendung in der Ehrfurcht vor dem Leben erreicht. Ehrfurcht vor dem Leben wohnt in unserem Denken. Wir müssen nur tief genug durch die Gedankenlosigkeit hindurchdringen, bis wir zu dieser tiefen Ethik gelangen, welche bereits Religion ist.

Wir wandern jetzt in der Dunkelheit, aber alle miteinander haben wir die Überzeugung, dass wir dem Lichte entgegenschreiten, dass wieder eine Zeit kommen wird, wo religiöses und ethisches Denken sich vereinen werden. Daran glauben wir, darauf hoffen wir und dafür wirken wir, indem wir den Glauben aufrechterhalten, dass, wenn wir ethische Ideale in unserm Leben wirksam werden lassen, einmal die Zeit kommen wird, wo die Völker das Gleiche tun werden. Wir wollen aufschauen zum Licht und uns trösten mit dem Nachsinnen darüber, was das Denken für uns in Bereitschaft hat.

Hingebung an anderes Leben

Im November 1934 und im November 1935 hielt Albert Schweitzer an der Universität Edinburgh die «Gifford Lectures». Die Institution geht zurück auf den schottischen Richter Lord Adam Gifford (1820– 1887), der durch eine Stiftung religionswissenschaftlich-theologische Vorlesungen an den Universitäten Aberdeen, Edinburgh, Glasgow und St. Andrews finanzierte. Sie waren zur Förderung der natürlichen Theologie und der Grundlegung der Ethik gedacht. Diese Zielsetzung entsprach genau dem, was Schweitzer mit seinen theologischen und philosophischen Schriften beabsichtigte. Er hat darum die Gelegenheit gerne wahrgenommen, neben der Behandlung der neuen deutschen Philosophie (Husserl, Jaspers, Spranger, Heidegger u. a.) auch seine Ethik der Ehrfurcht vor dem Leben im Rahmen einer akademischen Vorlesungsreihe zu begründen.

Vorlesung vom 11. November 1935

[...] Die Ethik der Ehrfurcht vor dem Leben erst wagt sich einzugestehen, dass das Vermögen der Sympathie den Menschen alles Leben, das in seinen Bereich tritt, wenn es dem seinigen nur noch irgendwie ähnlich ist, in dem seinen miterleben lässt und zur Hingebung an es nötigt.

Woher aber die Sympathie, die Hingebung an anderes Leben, neben dem Egoismus erklären? Zunächst daraus, dass unser Bewusstsein und unser Erkennen so vollständig ausgebildet sind, dass wir die Fähigkeit des Miterlebens besitzen. Noch mehr. Unser Vermögen, uns zu betätigen, ist ebenfalls so ausgebildet, dass wir die Fähigkeit besitzen, anderem Leben hilfreich beizustehen. Dass wir aber diese Möglichkeit, an anderem Leben teilzunehmen und ihm zu helfen, verwirklichen, geht in letzter Linie darauf zurück, dass die Natur selber uns in die Lage bringt, es tun zu müssen. Sie lässt unser Leben in anderem Leben seinen Ursprung haben und aus unserem Leben anderes Leben hervorgehen, das eine Zeitlang unserer Hilfe bedarf, um existieren zu können. So schafft sie Solidarität zwischen unserem und anderem Leben.

Die physiologische Tatsache, dass unser Leben auf anderes zurückgeht und aus unserem Leben anderes entsteht, hat also eine eminente geistige Bedeutung.

Die primitive Ethik besteht also in der natürlichen Solidarität des Menschen mit seinen Vorfahren und Abkömmlingen. Aber indem der Mensch denkend wird, erweitert sich ihm der Kreis der «Verwandtschaft». Sein Wille zum Leben kommt immer mehr dazu, anderes Leben in sich zu erleben, dass er sich zuletzt mit allen Menschen, ja mit allen Geschöpfen durch Wesensverwandtschaft verbunden weiß.

Die Ethik geht also auf eine physiologische Tatsache zurück. Sie ist also in ihren Anfängen schon überall da vorhanden, wo entwickeltes Leben vorhanden ist, das Leben, das aus ihm geboren ist, zu erhalten hat.

Ethik findet sich auch schon bei den Tieren. Bei den Tieren finden sich sogar schon Beispiele einer Erweiterung der Solidarität über den natürlichen Kreis der Abkömmlinge hinaus. Es kommt vor, dass ein Tier einem fremden Tier Hilfe leistet, weil es Mitempfinden mit ihm hat, obwohl im Allgemeinen das Tier gegen das fremde Leben noch indifferent ist und keine Rücksichten auf es nimmt.

Die Ethik der Ehrfurcht vor dem Leben wagt sich einzugestehen, wie natürlich sie ist. Sie trägt ihren Adel in sich selbst. [...]

Vorlesung vom 25. November 1935
In der Ethik der Ehrfurcht vor dem Leben wird offenbar, in welcher Weise die beiden in der Geschichte der Ethik der Menschheit nebeneinander auftretenden großen Motive der Ethik – das Motiv der inneren Nötigung zur Selbstvollendung und das der helfenden Hingabe an anderes Leben – in natürlicher Weise miteinander in Beziehung stehen. Sie sind beide nur Anwendungen des Prinzips der Ehrfurcht vor dem Leben. In der Ethik der Selbstvervollkommnung betätigt der Mensch die Ehrfurcht vor dem eigenen Dasein, in der Ethik der Hingebung die Ehrfurcht vor dem Dasein der anderen Wesen.

Dieses Grundprinzip des Ethischen ist einfach und allgemeingültig. Ihm einfache und allgemeingültige Ausführungsbestimmungen beizugeben, ist aber unmöglich. Von Fall zu Fall, aus tiefstem und stets lebendigem Verantwortungsgefühl heraus, hat der Einzelne zu entscheiden, wie ihm Genüge tun.

Ethik ist das Absoluteste, auf die subjektivste Weise verwirklicht.

Das Fundament der Ethik der Selbstvervollkommnung ist die Wahrhaftigkeit gegen sich selbst.

Auch da, wo die Ethik der Selbstvervollkommnung sich nicht in dem Verhalten zu den andern Menschen äußert, sondern nur als Gedankenethik der Wahrhaftigkeit, Lauterkeit und Gütigkeit vorhanden ist, übt sie doch, durch ihr bloßes Vorhandensein in der Gesinnung, eine Wirkung auf andere aus. Nicht nur durch gute Handlungen, sondern schon bloß durch ein innerliches Streben nach Gutsein helfen wir den andern. Was Ethisches in einem Menschen vorhanden ist, strahlt als Kraft von ihm aus.

Wie viel unsere Sanftmut, unsere Gütigkeit, unsere Geduld und unser Verzeihen den anderen gegenüber Erfolg haben, dürfen wir nicht nach dem, was wir davon sehen und feststellen können, bemessen. Es kann eine uns unbekannt bleibende Bedeutung für sie oder andere haben, die Zeuge dessen waren, was sich zwischen uns und ihnen abspielte. Wir alle haben so ethische Förderung von Menschen empfangen, ohne dass diese ahnen konnten, dass sie uns etwas gaben oder was sie gaben.

In der Ethik des hingebenden Helfens haben wir es mit dem großen Problem zu tun, wie viel wir von unserem Leben und unserem Glück für uns behalten dürfen und wie viel wir davon hingeben müssen, um andern zu helfen. – Wir stehen alle mitten in dem grauenvollen Gesetz, dass unser Wohlergehen und unser Glück auf Kosten des Wohlergehens und des Glückes anderer Menschen geht. Es gelingt mir, eine Stellung zu erreichen, auf die ich ein Recht habe, weil ich die Kenntnisse und Fähigkeiten dazu besitze. Aber ich nehme sie vielleicht jemandem weg, der sie noch nötiger gebraucht hätte als ich. In solche Konflikte gelangen wir fort und fort. Niemand kann uns angeben, wie sie lösen. Niemand kann unsere Verantwortung abnehmen oder erleichtern. Wir selber müssen entscheiden. Und wohl uns, wenn es uns nicht gelingt, uns gewohnheitsmäßig zu betäuben, dass wir diese Konflikte nicht mehr empfinden.

Zur wahren Ethik gehört auch, dass wir dankbar sind für die kleinste Güte, die uns erwiesen, und das kleinste Opfer, das uns gebracht wurde. Die dankbaren Menschen geben den anderen Kraft zum Guten. Zur Gesinnung wahrer Dankbarkeit gelangen wir nur, wenn wir uns dazu erziehen und die Gedankenlosigkeit überwinden. Sehr schön heißt es im *Kural*, einer indischen Sammlung ethischer Sentenzen, dass wir den uns geleisteten Dienst nie nur nach der Anstrengung, die der andere dafür machen musste, bewerten dürfen, sondern nach der Bedeutung, die er für uns hat.

In seiner ganzen Schwere bekommen wir das furchtbare Gesetz, dass unser Leben und Wohlergehen auf Kosten anderen Lebens und Wohlergehens geht, in der Frage unserer Beziehungen zu den Geschöpfen zu erfahren. Denn hier befinden wir uns in der ständigen Notwendigkeit des Vernichtens und Schädigens von Leben. Wir können es nicht vermeiden. All unser Handeln ist von Töten und Schädigen anderen Lebens begleitet. Gehen wir auf einem Waldpfade, uns der Schönheit des Waldes zu erfreuen, so zertreten wir die armen Insekten, die auf ihm dahinkriechen.

Das Gebot des Nichttötens und Nichtschädigens ist also undurchführbar. Die Inder, die meinen, alles Töten und Schädigen von Leben vermeiden zu können, sind im Irrtum. Sie geben sich der Illusion hin, als ob das Töten, das nicht direkt, sondern indirekt herbeigeführt wird, kein Töten sei. Es ist unter Umständen viel ethischer, ein Tier auf die schmerzloseste Weise zu töten, als es auf natürliche Weise zugrunde gehen zu lassen.

In die Notwendigkeit des Tötens kann der Mensch versetzt werden, um seine Existenz gegen die Geschöpfe zu erhalten. Die Eingeborenen in der Gegend von Lambarene müssen einen Kampf führen, um die Existenz gegen die Nilpferde, die Elefanten, die Büffel [und] die Gorillas zu verteidigen. In Europa müssen Tiere vernichtet werden, die die Ernte der Felder bedrohen oder sonst, wie etwa die Ratten, in gesundheitlicher Hinsicht eine Gefahr für uns bedeuten.

Aber immer müssen wir uns bewusst bleiben, dass Töten etwas Furchtbares ist und wir es nur ausführen, weil wir einem Müssen gehorchen. Es wird die Zeit kommen, wo man nicht mehr verstehen wird, dass heute noch Jagd als ein edler Sport gilt.

Mit aller Macht müssen wir uns dagegen wehren, dass Belustigungen und Spiele, bei denen Tiere gequält und getötet werden, bei uns geduldet werden oder, wie es immer mehr geschieht, wieder in Aufnahme kommen.

Bei allem medizinischen Heilen, wenn man es genau besieht, befinden wir uns in der Notwendigkeit, kleine und kleinste Lebewesen, die die Existenz des Menschen bedrohen, zu vernichten. In Lambarene errette ich den armen Schlafkranken dadurch, dass ich ihm ein Medikament einspritze, das die Trypanosomen in seinem Blute und in seiner Rückenmarkflüssigkeit vernichtet. In wie vielen Heilungen von Krankheiten besteht das Tun des Arztes darin, dass er unzählige Bakterien durch geeignete Mittel zum Absterben bringt!

Viel verhandelt wird die Frage, ob wir das Recht haben, anderes Leben zu vernichten, um daraus Nahrung zu haben. Gewöhnlich wird die Frage so gestellt, ob wir Fleisch genießen dürfen. Hier wird dann entschieden, dass hier keine wirkliche Notwendigkeit des Tötens vorliegt. Nur übersieht man dabei, dass auch vegetarische Nahrung ein Töten von Leben voraussetzt. Die Vegetabilien sind auch Leben. Die Getreidekörner, die ich als Mehl in meinem Brote esse, trugen Leben in sich, das im nächsten Frühling sprießen sollte und das nun vernichtet wird. Dasselbe trifft bei allen Früchten, die uns zur Nahrung dienen, zu. In diesem ganz allgemeinen Sinne ist die Frage zu stellen, ob wir unser Leben ohne Vernichten von anderem Leben erhalten können. In diesem Sinne gestellt, muss sie verneint werden. In der Frage vegetarisch oder nicht-vegetarisch kann es sich also nur darum handeln, dass wir vom Vernichten von Leben, das dem unsrigen näher verwandt ist, Abstand nehmen wollen. Aber wenn wir doch Tiere unserer Herden, weil wir sie nicht alle ernähren können, töten müssen, kann die Verwendung ihres Fleisches zur Nahrung als zweckmäßig gelten. Andererseits aber kann wieder geltend gemacht werden, dass, wenn einmal dieses Zugeständnis gemacht ist, die Folge davon ist, dass Tiere zum einzigen Zweck der Schlachtung gezüchtet werden.

Interessant ist, dass Buddha in der Frage des Fleischgenusses schwankte. Er ließ kein Tier für seine Nahrung schlachten; aber wenn ihm Fleisch vorgesetzt wurde, wenn er irgendwo an der Mahlzeit teilhaben durfte, aß er es und hielt dies für erlaubt, weil das Töten nicht seinethalben stattgefunden hatte. Die Unterscheidung ist aber sophistisch.

In Lambarene halte ich es so, dass das Fleisch der Ziegen- und Schafböcke, die sowieso geschlachtet werden müssen, weil wir sie nicht alle großziehen können, auch zur Ernährung dienen soll. Hingegen sehe ich davon ab, Tiere in dem nahen Walde durch Jäger töten zu lassen, weil dafür kein anderer Grund als der des Gewinnens von Fleisch für unseren Tisch geltend gemacht werden könnte.

Im Allgemeinen, glaube ich, werden die Menschen immer mehr dazu kommen, die Fleischnahrung einzuschränken oder sich ihrer ganz zu enthalten.

Die Weite der Ehrfurchtsethik

Im dritten Band der Kulturphilosophie *behandelt Albert Schweitzer im III. Kapitel des vierten Teils «Die vier Grundtypen der Lebens- und Weltanschauung». Es sind dies «die Lebens- und Weltbejahung, die Lebens- und Weltverneinung, das Ethische und das Nicht-Ethische» (Kulturphilosophie III, 254). Dabei handelt es sich um den tiefgründigen und letztlich doch gescheiterten Versuch, die 1923 in der Kulturphilosophie II («Kultur und Ethik») vorgelegte*

Ethik der Ehrfurcht vor dem Leben zu einer Weltanschauung aus-
zuweiten (dazu ausführlich Claus Günzler, Albert Schweitzer, Ein-
führung in sein Denken, München 1996, 167–181).
　　Der von uns ausgewählte Text findet sich im ersten Unterabschnitt
mit der Überschrift «Das Ethische». Als Datum wird in mehreren
Anmerkungen Juli 1944 genannt. Inhaltlich geht es um das Problem,
dass die traditionelle Ethik sich als einfach zu befolgendes Gesetz zu
verstehen gibt. Als Illusion wird das in dem Augenblick erkannt, in
dem die «Idee der Liebe» als eine ins Unbegrenzte gehende Hingabe
Aufnahme in die Ethik findet. Dadurch wird sie zu einem «Aben-
teuer mit unabsehbaren Folgen» (Kulturphilosophie III, 274). Zu
diesem Abenteuer ist es mit der Ethik der Ehrfurcht vor allem Leben
gekommen. Bis dahin war es freilich ein weiter Weg, wie unser Text-
beispiel zeigt.

Solange die Ethik sich vorschreiben lässt, dass sie es nur mit dem
Verhalten des Menschen zur Gesellschaft und zum Nebenmenschen
zu tun hat, ist die Illusion, dass sie etwas Begrenzbares ist, mit Über-
sehen von allem, was ihr widerspricht, zur Not noch aufrechtzuerhalten. Völlig unmöglich wird dies aber, sobald die Ethik den Kreis
weiter zieht und Forderungen in Bezug auf das Verhalten des Menschen zu den Geschöpfen in Betracht zieht. In diesem Falle besteht
keine Möglichkeit mehr, dem Eingeständnis der Nichtbegrenzbar-
keit ihres Gebietes und ihren Forderungen zu entgehen.
　　Wenn das Denken dahin gelangt ist, die Verbundenheit mit dem
anderen Menschen als solchem und die Nötigung eines ethischen
Verhaltens ihm gegenüber anzuerkennen, möchte es annehmen, weit
genug gegangen zu sein. Aber wiederum erfüllt sich das Verhängnis,
dass es nicht haltmachen kann, wo es möchte. Es muss dazu fortschreiten, eine Zusammengehörigkeit nicht nur auf Grund [von]
Blutsverwandtschaft im engeren oder weiteren Sinne, sondern auch
auf Grund von Wesensverwandtschaft anzunehmen. Wesensverwandtschaft, wenn man mit dieser Vorstellung Ernst macht, besteht
aber nicht nur zwischen dem Menschen und anderen Menschen,
sondern auch, wenn auch in abnehmendem Maße, zwischen ihm
und den Geschöpfen, die mit ihm so vieles gemeinsam haben. Wenn
er wagt, natürlich zu sein, kann er ihnen das sich [in] ihm regende
Mitempfinden mit ihnen und [das,] was sich daraus für sein Verhalten ihnen gegenüber ergibt, nicht versagen.

Ethische Verpflichtungen und Verantwortungen den Geschöpfen gegenüber anzuerkennen, entschließt sich das europäische Denken viel schwerer als das indische. Dies hat seine Gründe. Für die indische Lebens- und Weltverneinung kommt, was man so oft übersieht, keine Art von Tätigkeit, also auch keine tätige Gütigkeit gegen die Geschöpfe in Betracht, sondern nur ein möglichst weitgehendes [Sich-]Enthalten von Schädigen und Töten. Es handelt sich also um ein unvollständiges ethisches Verhalten gegen die Geschöpfe, während das europäische lebens- und weltbejahende Denken ein viel weitergehendes, auch tätige Gütigkeit in sich begreifendes [ethisches Verhalten] in Betracht ziehen muss. Der durch das Prinzip der Nicht-Tätigkeit eingeschränkten Ethik bereitet die Ausdehnung von Verpflichtungen und Verantwortungen gegen die Geschöpfe nicht dieselben theoretischen und sachlichen Schwierigkeiten wie der tätigen.

Überdies ist das indische Denken durch den Verlauf, den es genommen hat, in natürlicher Weise darauf geführt worden, die zwischen dem Menschen und den Geschöpfen bestehende Wesensverwandtschaft einzusehen und anzuerkennen, während das europäische in seiner Überlieferung und in seiner Art Hindernisse vorfand, die es überwinden musste, um dahin zu gelangen.

Wenn das europäische Denken sich entschließt, die natürliche Folgerung aus der Idee der Liebe zu ziehen und liebendes Verhalten auch zur Kreatur als geboten anzusehen, so kann es seine bisherige Vorstellung der Ethik als eines einigermaßen festlegbaren Systems von Pflichten und Verantwortungen nicht mehr aufrechterhalten. Es sieht sich genötigt, ein Gegebenes für ein fragwürdiges Neues preiszugeben. Sich in dieses Unvermeidliche zu schicken fällt ihm schwer.

Seine Bedenken sind nicht gegenstandslos. Noch viel weniger als in Betreff unseres Verhaltens zu den Menschen lässt sich festlegen, bis wohin wir in dem Übernehmen von Pflichten und Verantwortungen gegen die Geschöpfe als Gegenstand unseres Mitempfindens zu gehen haben. Zudem sind wir überhaupt nicht imstande, die erforderliche Aufmerksamkeit und Zeit aufzubringen, um uns derer, die sich in unserem Bereich befinden, so anzunehmen, wie es unser Mitempfinden verlangt.

Auf dem so erweiterten Gebiet wird uns sogar der Gegenstand unseres ethischen Verhaltens zum Problem. Wo hört in der absteigenden Linie der Lebewesen für uns die Möglichkeit und Verpflichtung auf, an ihrem Schicksal teilzunehmen und in es einzugreifen? Wo ist die Grenze der theoretisch und praktisch noch in Betracht kommenden Wesensverwandtschaft?

Trotz dieser nicht zu behebenden Dunkelheiten und Schwierigkeiten besteht die Forderung der Ethik, dass wir, so weit es uns überhaupt möglich ist, den Geschöpfen Mitempfinden und Hilfe zuteil werden lassen, zu Recht.

Die antike europäische Philosophie bekommt das Problem Mensch und Kreatur überhaupt nicht zu Gesicht. Sie dringt erst ganz spät – bei Seneca (etwa 2 [4 v. Chr.]–65 n. Chr.), Epiktet (50–120 [138] n. Chr.) und Marc Aurel (121–180 n. Chr.) – zum Gebote der Liebe vor und kommt nicht dazu, es auf die nichtmenschlichen Wesen anzuwenden.

In dem Denken des antiken und mittelalterlichen Christentums steht dem Aufkommen der Frage, ob die Ethik es nicht auch mit den Geschöpfen zu tun hat, entgegen, dass Jesus das Gebot der Liebe verkündet hat, ohne es auf sie auszudehnen.

Das Mittelalter ist weit davon entfernt, dieses Gebot so tief zu erleben, dass ihm der Gedanke kommen könnte, es auf alle Wesen auszudehnen. Es lässt sich durch es nicht einmal bewegen, gegen die Folter, die qualvollen Hinrichtungen, die Ketzerverbrennungen, die Hexenverfolgungen und so viele andere damals in Blüte stehenden Grausamkeiten Einspruch zu erheben.

Dem Aufkommen der Frage, ob die Ethik es nicht auch mit den Geschöpfen zu tun habe, steht im antiken und mittelalterlichen Christentum die Lehre [von der] Unsterblichkeit, wie sie von ihm vertreten wird, entgegen. Soweit der Gläubige des Mittelalters Überlegungen über sein Verhältnis zu den Geschöpfen anstellt, tut er dies vornehmlich in der Absicht, sich das, was die unüberbrückbare Kluft zwischen ihm und ihnen ausmacht, zu vergegenwärtigen. Sein absolutes Anderssein als sie und seine Erhabenheit über sie führt er darauf zurück, dass sie nur eine vegetative und animalische Seele besitzen, die des Empfindens wie auch des Erkennens nur in ganz unvollkommener Weise fähig ist und mit dem Leibe der Auflösung verfällt. Er achtet sie nicht wert, dass er ihnen Teilnahme entgegenbringe. Ja, er ist sogar des Glaubens, dass sie dieser als unfühlende Wesen nicht bedürfen. Mitleid mit ihnen kommt ihm fast wie ein

Versuch vor, den von Gott gesetzten Schranken die gebührende Anerkennung zu versagen.

Wohl tritt im Mittelalter ein Mensch auf, der in herrlicher Einfalt Verbundenheit mit der Kreatur erlebt und verkündet: Franziskus von Assisi (1182–1226). Aber er übt hierin keinen Einfluss auf die Zeitgenossen aus.

Dies hat seinen Grund nicht nur in ihrer Verständnislosigkeit, sondern auch darin, dass er ihnen das Problem Mensch und Kreatur nicht wirklich zu bedenken gibt. Er selber ist sich über es nicht klar geworden. Die Verbundenheit mit den Geschöpfen steht ihm mehr nur als einem frommen, ästhetischen Gefühl als in wirklichen Überlegungen fest. Sie sind ihm Mitgenossen der frommen Freude am Dasein und des dankbaren Verherrlichen Gottes. Ein Mitleid mit ihnen kennt er nicht. Er ruft die Menschen nicht zur Barmherzigkeit gegen sie auf. Die von ihm empfundene Verbundenheit mit ihnen denkt er nicht in ihrer Bedeutung für die Ethik aus. So kommt es, dass das Mittelalter trotz Franziskus von Assisi in seiner gedankenlosen, mit seiner Kenntnis des Gebotes der Liebe nicht zu vereinbarenden Engherzigkeit gegen sie verharrt.

Nachdem mit dem Anbrechen der Neuzeit die europäische Ethik sich das vom Christentum stammende Gebot der Liebe angeeignet hat, räumt dieses im Laufe von Generationen mit der im Mittelalter geduldeten Mitleidslosigkeit und Grausamkeit auf. Humanitätsgesinnung kommt auf. Der Gedanke, dass der Mensch sich seiner Zusammengehörigkeit mit dem anderen Menschen als solchem bewusst zu sein habe und ihm Mitempfinden entgegenbringen müsse, setzt sich durch.

Aber die Idee der Liebe in ihre letzten Konsequenzen auszudenken, unternimmt die Ethik jetzt noch nicht.

Giordano Bruno (1548–1600) und andere Denker der Renaissance legen durch die Annahme, dass alle Wesen an dem das All erfüllenden Geiste Gottes teilhaben, die Schranken zwischen Menschen und Geschöpfen in Theorie nieder. Aber eine wirkliche Verbundenheit mit ihnen erleben sie nicht.

Und niemand holt in den nächsten Generationen nach, was die ersten Denker der Renaissance versäumt haben. Selbst die damals erworbene theoretische Einsicht in die zwischen dem Menschen und den Geschöpfen bestehende Wesensverwandtschaft kommt den Späteren zunächst wieder abhanden. Es ereignet sich das Unglaubliche, dass Descartes (Cartesius, 1596–1650) die mittelalterliche Ansicht über Mensch und Kreatur erneuert. Durch seine scholastischen Instinkte und sein System wird er dazu geführt.

Wenn Descartes, wie in so vielen Lehrbüchern der Philosophie zu lesen steht, der Ausgangspunkt des neuzeitlichen Denkens ist, so trifft es insoweit zu, als dieses durch ihn in eine falsche Bahn gerät. Bei ihm erleidet das, was in der Renaissance begonnen hatte, eine verhängnisvolle Unterbrechung. Die neue Welterkenntnis eines Kopernikus (1473–1543) und eines Galilei (1564–1642) wird durch ihn nicht so, wie sie ist, sondern in einer sie entstellenden Zurechtlegung – die ihr ihre Neuigkeit und Bedeutung und damit ihre Anstößigkeit benimmt – in die Philosophie übernommen. Statt dass er im Geiste der Renaissance die Wirklichkeit, wie sie ist, zu ergründen sucht, setzt er, im Geiste der Scholastik, an ihre Stelle Begriffe von körperlichem und geistigem Sein und lässt das Denken mit diesen beschäftigt sein. Diese Begriffe erlauben ihm nicht, das Leben als eine geheimnisvolle Einheit von körperlichem und geistigem Sein aufzufassen. Er muss behaupten, dass alles Naturgeschehen und alles, was in dem körperlichen Dasein der Lebewesen vor sich geht, rein mechanisch abläuft. Lebewesen, dies seine Theorie, sind in Gang befindliche Maschinen. Nur der Mensch hat durch die ihm verliehene denkende Seele neben dem körperlichen noch ein geistiges Dasein, wobei aber das Aufeinanderwirken des Körperlichen und des Geistigen unerklärlich bleibt.

Den Geschöpfen gesteht Descartes nur körperliches Dasein zu. Was wir an ihnen an geistigen Regungen und an Empfinden wahrzunehmen glauben, ist bloßer Schein. Sie sind nichts weiter als von Gott verfertigte Automaten. Ein Mitempfinden mit ihnen ist gegenstandslos, weil sie als seelenlose Wesen keine Empfindungen haben. Sie fühlen keinen Schmerz. Also kann man mit ihnen ohne Bedenken mitleidlos verfahren.

Durch diese mit der Autorität seines Namens ausgestattete Behauptung und überhaupt durch sein dem lebendigen Sein und der Ethik so verständnislos gegenüberstehendes Philosophieren trägt Descartes die Hauptschuld daran, dass in der neuzeitlichen Philosophie ein Nachdenken über Mensch und Kreatur vorerst nicht aufkommt.

Weil er nicht unter dem unheilvollen Einfluss Descartes' steht, sondern die Naturphilosophie der Renaissance erneuert, vertritt

Shaftesbury (1671–1713), wie Giordano Bruno, die Lehre von der Allbeseelung. In seiner Ethik* beschäftigt er sich aber nur mit dem Menschen und der menschlichen Gesellschaft.

Wirkliches Interesse – zum ersten Male in dem europäischen Denken! – bringen den Geschöpfen die englischen Philosophen Samuel Clarke (1675–1729) und William Wollaston (1659–1724) entgegen. Vom Gebote der Liebe ausgehend, verlangen sie, dass dem Tier, als einem empfindenden Lebewesen, Teilnahme zu erweisen sei! Aber in die Tiefe des Problems Mensch und Kreatur dringen sie nicht ein.

Im Verlaufe des 18. Jahrhunderts fängt dann das Mitgefühl mit den Geschöpfen [an,] als zum wahren Menschentum gehörig angesehen zu werden. So verlangt Katharina II. von Russland (1729–1796) in den Instruktionen, die sie für Nicolai Sjvanowitsch Soltykov, den Erzieher der Großfürsten Alexander (des späteren Kaisers Alexander I.) und Konstantin, entwirft, dass er diese ihre Enkel zur Gütigkeit gegen jede unschädliche Kreatur anhält. Sie sollen keine Vögel, Schmetterlinge, Fliegen, Hunde, Katzen töten dürfen, sondern sich verpflichtet fühlen, um das Wohl jedes Geschöpfes, mit dem sie es zu tun haben, besorgt zu sein.

Die führenden Philosophen dieser Zeit jedoch zeigen sich in der Empfehlung und Bewertung des Mitleids mit der Kreatur noch merkwürdig zurückhaltend.

Obgleich David Hume (1711–1776) das Ethische aus dem Mitempfinden entstehen lässt, kommt er aus dem Kreise der Menschenliebe nicht heraus. Aus seiner ganzen Art zu überlegen wird ersichtlich, dass er die Voraussetzungen für ein solches Sympathisieren nur dann als gegeben erachtet, wenn es sich um ein Miterleben handelt, wie es nur zwischen in jeder Hinsicht gleichartigen Wesen stattfinden kann.

Auch für Kant (1724–1804) hat es die Ethik eigentlich nur mit den Pflichten des Menschen gegen den Menschen zu tun, wie dies auch in seinem Grundprinzip des Ethischen zum Ausdruck kommt. Die «menschliche» Behandlung der Tiere sieht er mehr nur als eine Übung der Empfindsamkeit an, die unserem teilnehmenden Verhalten zu den Menschen förderlich ist. Aus dieser Überlegung befürwortet es sie, ohne sie in seiner Ethik wirklich unterzubringen.

* Vgl. *Inquiry concerning Virtue and Merit*, London 1699 (= *Characteristics of Men, Manner, Opinion, Times*, Bd. 2, London 1711).

Etwas weiter als Kant geht sein jüngerer englischer Zeitgenosse Jeremy Bentham (1748–1832). Zwar sieht auch er die Gütigkeit gegen die Geschöpfe vornehmlich als eine Übung ihrer Betätigung gegen die Menschen an. Jedoch zeigt er Neigung, sie auch um ihrer selbst willen gutzuheißen, ohne sich jedoch grundsätzlich mit der Frage des Verhaltens des Menschen zur Kreatur zu beschäftigen.

Dieser Frage nachzugehen, unterlassen auch Johann Gottlieb Fichte (1762–1814), Hegel (1770–1831), Schelling (1775–1854), Schleiermacher (1768–1834), wie überhaupt die Philosophen des beginnenden 19. Jahrhunderts.

Von einer Stunde, in der Goethe von ihr überfallen wurde, gibt das Gedichtchen «Die Spinne», aus dem *Westöstlichen Divan*, Kunde:

> Als ich einmal eine Spinne erschlagen,
> Dacht' ich, ob ich das wohl gesollt?
> Hat Gott ihr doch wie mir gewollt
> Einen Anteil an diesen Tagen!

Die Art, in der Goethe sich in die Natur versenkt, bringt es mit sich, dass er mehr mit der Kreatur beschäftigt ist und mehr auf das natürliche Empfinden zu merken bereit ist als Hegel und die anderen. Aber seine Voreingenommenheit gegen die das Prinzip der Hingabe allzu stark geltend machende Ethik lässt es nicht dazu kommen, dass er dem Problem des Verhaltens zu den Geschöpfen wirklich nachgeht. Seinem Zeitgenossen Bentham macht er einen schweren Vorwurf daraus, dass er dem Menschen so viel Bemühung um das Wohl des Nebenmenschen zumutet.

Als erster europäischer Denker – er legt Wert darauf, dass ihm dieser Ruhm zuerkannt werde – verkündet Arthur Schopenhauer (1788–1860) eine Weltanschauung, in der die Idee der Verbundenheit des Menschen mit der Kreatur völlig lebendig ist. Es macht einen tiefen Eindruck auf die Zeitgenossen, dass nunmehr ein Denken sich eingehend mit dem Problem Mensch und Kreatur beschäftigt und für das Mitleid mit den Geschöpfen als für etwas aus natürlichstem und tiefstem Überlegen sich Ergebendes eintritt. Sie empfinden es als eine Befreiung, es nun einmal mit einer Ethik zu tun zu haben, die sie nicht misstrauisch gegen das Empfinden ihres Herzens zu machen sucht, sondern sie ermächtigt, ihm freien Lauf zu lassen.

Auf Grund der Stellungnahme Schopenhauers tritt die Idee des Mitleids mit der Kreatur hinfort zuversichtlicher und selbstbewusster auf als bis dahin. Aber die führenden Denker setzen sich noch immer nicht für sie ein. Eine Behinderung für sie bedeutet es, dass sie sich bei Schopenhauer als der Lebens- und Weltverneinung zugehörig gibt, die sie sich nicht zu Eigen machen können.

Einen Versuch, die der Kreatur entgegengebrachte Teilnahme als zum Ethischen gehörend begreiflich zu machen, unternimmt Charles Darwin (1809–1882). Er erklärt sie als eine gewissermaßen über das Ziel hinausgehende Bekundung des sozialen Triebes des Menschen. Ihm zufolge entsteht der soziale Trieb, den er als das Wesentliche der Ethik ansieht, daraus, dass unzählige aufeinander folgende Generationen von Menschen die Erfahrung machen, dass sie miteinander im Kampfe ums Dasein besser bestehen, wenn die Einzelnen nicht in ihrem Für-sich-Sein verharren, sondern zusammenhalten und sich füreinander einsetzen. Nicht so sehr individuelle Überlegungen über das wahrhaft zweckmäßige Verhalten, sondern in einem langen, in der Gattung unmerklich vor sich gehenden geistigen Prozess kommt das Unegoistische neben dem Egoistischen auf. Das Bewusstsein der Zusammengehörigkeit und die Betätigung derselben wird in der Aufeinanderfolge der Generationen zu einer durch Vererbung erworbenen Eigenschaft. Zuletzt bildet sich der soziale Trieb in einer solchen Stärke aus, dass das Teilnehmen an dem Ergehen der anderen sogar auf die nichtmenschlichen Wesen ausgedehnt wird.

Viel tiefer als Darwin geht der Berliner Arzt Wilhelm Stern [1871–1938] in seiner von den Philosophen nicht beachteten *Grundlegung der Ethik als positiver Wissenschaft* ([Berlin] 1897) auf die Entstehung und den Grund des Mitempfindens mit der Kreatur ein. Nicht durch die Erfahrung des zweckmäßigsten Verhaltens im Kampfe ums Dasein, wie bei Darwin, kommt bei ihm der Mensch dazu, aus seinem Für-sich-Sein herauszutreten, sondern auf Grund des Erlebnisses der Not, die er zusammen mit allen Wesen im Kampfe ums Dasein durchmacht. Dadurch, dass die lebendigen Wesen durch unzählige Generationen hindurch sich gegen Leiden und Vernichtung zu behaupten versuchten, ist in den höherentwickelten unter ihnen das Mitempfinden zur Ausbildung gekommen. Auf Grund seines tiefsten Erlebens und Überlegens ist sich der Mensch seiner Solidarität mit anderen Wesen bewusst geworden.

Wilhelm Stern ist der Erste, der von der europäischen Lebens- und Weltbejahung aus die Behauptung aufstellt, dass die Ethik ihrem Wesen nach universalistisch ist. Aber die so mannigfachen und so tief gehenden Probleme dieser totalen Ethik vergegenwärtigt er sich nicht.

An der Jahrhundertwende und noch später finden sich unter den Denkern, die ethische Anschauungen in Bezug auf das Verhalten zu den Menschen vertreten, noch immer solche, die das Teilnehmen an dem Ergehen der Kreatur nicht für geboten erachten. Ein so bedeutender Philosoph wie Wilhelm Wundt (1832–1920), der Begründer der modernen Psychologie, bringt in seiner *Ethik* den Satz: «Das einzige Objekt des Mitgefühls ist der Mensch.» Regungen, die in uns den Tieren gegenüber entstehen, sind nach seinem Dafürhalten dem wirklichen Mitgefühl nur einigermaßen verwandt.

Nicolai Hartmann (1882–[1950]) zieht in seiner *Ethik* (1926) die Frage des Verhaltens gegen die Geschöpfe überhaupt nicht in Betracht. Es gilt ihm als selbstverständlich, dass allein der Mensch Gegenstand der Ethik ist.

Der Philosophie Karls Jaspers' (1883[–1969]) zufolge weiß sich der Mensch «im Raume geistiger Wirklichkeit abgrundtief vom Tier getrennt und bleibt bis in seine Leiblichkeit sich des Sprunges gewiss, den ein nur nebelhaftes Naturgefühl von der Einheit mit allem Lebendigen verschleiern mag ... Die unwahre Nähe zum lebendigen Tier pflegt daher Ausdruck des Verrats oder der Verzweiflung am Menschen zu sein ...»

Obgleich nun von den europäischen Denkern, von einigen wenigen abgesehen, keine nennenswerte Anregung zum ethischen Verhalten gegen die Geschöpfe ausgeht, kommt ein solches unter den europäischen Menschen dennoch auf. Das Versäumnis der Philosophen wird durch den Einfluss so mancher Namenloser wettgemacht, die sich über das sich in ihnen kundgebende Mitempfinden mit den Geschöpfen klar zu werden wagen und sich berufen fühlen, andere aus der Gedankenlosigkeit, die die in Geltung stehenden ethischen Anschauungen zuließen, aufzuwecken. Durch ihr Auftreten und Wirken geht im Laufe des 19. Jahrhunderts in dieser Hinsicht nach und nach eine Wandlung vor sich. Was noch vielfach als unangebrachte Sentimentalität angesehen wurde, wird mehr und mehr ernst genommen. Tierschutzvereine treten ins Leben. Sie begnügen sich nicht, erzieherisch zu wirken, sondern verlangen und erreichen es, dass die Gesetzgebung sich der Geschöpfe annimmt und das mitleidlose Verfahren gegen sie ahndet.

Es ereignet sich also das Paradoxe, dass bei uns viel mehr Gütigkeit mit der Kreatur vorhanden ist, als nach der Haltung, die die philosophischen (und auch theologischen) Werke über Ethik einnehmen, zu erwarten wäre. In der Praxis des Verhaltens gegen die Geschöpfe sind wir weitergekommen als in der Theorie. An effektiver Gütigkeit gegen sie leisten wir bedeutend mehr als die Menschen Indiens, die uns in der Theorie, durch das bei ihnen seit vielen Jahrhunderten in Geltung befindliche Verbot, sie zu schädigen und zu töten, voraus sind.

Interessant ist, dass durch das in unserer Zeit stattfindende Kraftloswerden der Humanitätsidee das humane Verhalten gegen die Geschöpfe nicht sonderlich betroffen worden ist. Die moderne Theorie der Inhumanität richtet sich gegen Menschen, die einer für notwendig gehaltenen Entwicklung im Wege sind, nicht gegen die abseits stehenden und in dieser Hinsicht nicht in Betracht kommenden Geschöpfe. Freilich werden diese durch die Gräuel der durch die Inhumanitätsgesinnung entfesselten Kriege in furchtbarer Weise mit betroffen.

Ein letzter entscheidender Schritt in ihrer Entwicklung bleibt der Ethik also noch zu tun. Sie muss Pflichten und Verantwortungen der Kreatur gegenüber als sich unabweisbar aus der Idee der Liebe ergebend anerkennen, wenn auch dadurch die ohnehin schon bestehende, aber uneingestandene Unbegrenzbarkeit ihres Gebietes und ihrer Forderungen völlig offenbar wird.

Dieser Schritt ist so folgenschwer, dass der mit solcher Hartnäckigkeit durchgeführte Versuch, ihn zu unterlassen, begreiflich ist. Aber auf die Dauer lässt sich das, was kommen muss, nicht aufhalten.

In Wirklichkeit wird das, was sie [die Ethik] preisgeben muss, durch das, was sie gewinnt, mehr als aufgewogen. Um die Illusion aufrechtzuerhalten, dass sie in durchaus festlegbaren und voll erfüllbaren Geboten gebietet, hat sie sich selber Gewalt angetan und sich zur Unnatürlichkeit und Unlebendigkeit verurteilt. Gibt sie sie auf, so erlangt sie die Freiheit, das zu sein, was sie ihrem eigentlichen Wesen nach ist.

Die Autorität der Ethik hängt nicht davon ab, dass sie in möglichst allgemeingültiger Weise gebietet, sondern davon, dass sie es in überzeugender und eindringlichster [Weise] tut.

Solange sie den letzten entscheidenden Schritt in ihrer Entwicklung nicht getan hat, bleibt die Ethik etwas Unvollständiges. Wie kann das Denken erwarten, mit einer zu engen, nur mit der Gesellschaft und daneben noch etwas mit dem Nebenmenschen beschäftigten Ethik zu einer ethischen Lebens- und Weltanschauung zu gelangen? Ist nicht eine natürliche Voraussetzung der ethischen Weltanschauung, dass wir mit dem größtmöglichen und erreichbaren Stück Welt, das heißt mit allem in unserem Bereich befindlichen Leben, ein ethisches Verhältnis eingehen?

Nicht eine fragmentarische und unfertige Ethik, sondern nur die, die die volle Weite und Lebendigkeit besitzt, kann auf ethische Weltanschauung ausgehen.

Falkenjägerei

In der Zeitschrift Atlantis *(Zürich) erschien im Juli 1931 ein Artikel, der die Neubelebung der Falkenjägerei pries. Albert Schweitzer verfasste dazu am ersten Advent desselben Jahres in Lambarene einen Leserbrief unter der Überschrift «Nochmals Falkenjägerei», den die Zeitschrift im März 1932 (S. 175) veröffentlichte. Wir haben es mit einem der seltenen Fälle zu tun, in denen Schweitzer seine erstmals 1919 in einer Straßburger Predigt vorgestellte Ethik der Ehrfurcht vor dem Leben (s .oben S. 57–59) als Stellungnahme zu einer Zeitfrage von öffentlichem Interesse konkretisierte und dabei ein weiteres Mal die Erweiterung der Ethik über die menschliche Artgrenze hinaus veranschaulichte.*

In der *Atlantis*, die ich hier, im Urwalde, regelmäßig und mit großem Interesse lese, findet sich ein Bericht über Versuche, die zur Zeit gemacht werden, um die seit langem verlassene Jagd mit Jagdfalken aufs Neue in Mode zu bringen. Er schließt mit dem Satze: «Das schöne, alte Jagdspiel, einst das fürstliche Jagdvergnügen par excellence, beginnt ein romantischer Sport zu werden.»

Als Naturfreund gestehe ich, dass ich das Wiederaufleben dieser grausamen Jagdart auf arme Vögel bedauern muss und die Hoffnung hege, dass es ihr nicht gelingen werde, sich wieder einzubürgern. Ist der in Wirklichkeit ein Naturfreund, der an dem traurigen Schauspiel der Misshandlung und Tötung des schwachen Vogels durch den starken seine Freude hat und durch Abrichtung von Raubvögeln dafür Sorge trägt, dass es ihm möglichst oft geboten werde? Und was ist denn «romantisch» an diesem «Sport»? Dass die Menschen einer früheren, in vieler Hinsicht gedankenlos unmenschlichen Zeit ihn betrieben?

Diese Jagdart wurde verlassen, als die Menschen im Aufklärungszeitalter nachdenklich wurden und das Grausige nicht nur der Tortur, sondern auch noch so vieler anderer, bis dahin nicht genugsam empfundener Grausamkeit einsahen. Heute hingegen beginnen wir langsam wieder so weit zu sein, dass Bräuche, die als unvereinbar mit wahrer Menschlichkeit für immer aufgegeben schienen, Aussicht haben, wieder in Aufnahme zu kommen.

Das natürliche menschliche Gefühl, das sich gegen die Wiederkehr dessen, was endgültig der Vergangenheit angehören sollte, zur Wehr setzt, wird als Sentimentalität gescholten, mit der man aufräumen müsse, weil sie der Erziehung unseres Geschlechts zur Energie im Wege stehe.

Die Falkenjägerei glaubt sich überdies noch dadurch empfehlen zu können, dass sie im Gewande des Sports und in dem der Freude an der Natur auftritt. Beide trägt sie zu Unrecht, Sport ist Leibesübung, aber nicht: zusehen, wie ein Schwacher von einem Starken gequält wird und ihm zur Beute fällt. Naturfreund ist derjenige, der sich mit allem, was in der Natur lebt, innerlich verbunden weiß, an dem Schicksal der Geschöpfe teilnimmt, ihnen, soviel er nur kann, aus Leid und Not hilft und es nach Möglichkeit vermeidet, Leben zu schädigen oder zu vernichten.

In keiner Weise dürfen wir uns dazu bewegen lassen, die Stimme der Menschlichkeit in uns zum Schweigen bringen zu wollen. Das Mitfühlen mit allen Geschöpfen ist es, was den Menschen erst wirklich zum Menschen macht.

Und nun sollen wir, statt in wahrer Menschlichkeit fortzuschreiten, stillestehen und rückwärtsgehen?

Unter den Einwänden, die die Menschlichkeit von den Liebhabern grausamer Gebräuche zu hören bekommt, steht in erster Linie der, dass die Natur selber voller Grausamkeit sei. Gewiss, aber dies nimmt die Schuld nicht von mir, wenn ich aus Gedankenlosigkeit oder Freude an einem Kampfesschauspiel das schon bestehende Weh und Leid noch mehre.

Dass in der Natur ein Geschöpf Leid über das andere bringt und aus Trieb oft in der grausamsten Weise mit ihm verfährt, ist ein schmerzvolles Geheimnis, das auf uns lastet, solange wir leben. Wer es fertig bringt, darunter nicht immer wieder aufs Neue zu leiden, hat aufgehört, wirklich Mensch zu sein. Auch wir selber sind unter das Gebot der Notwendigkeit getan, dass wir, um unsere Existenz zu erhalten, Leid über Geschöpfe bringen und sie töten müssen. Aber niemals dürfen wir aufhören, dies als etwas Trauriges und Unfassliches zu empfinden. Nur soweit eine zwingende Notwendigkeit dafür vorliegt, können wir die Verantwortung für das, was an Weh und Vernichtung von uns über Geschöpfe ausgeht, auf uns nehmen. Wo wir frei sind, haben wir uns zu hüten, quälend und schädigend in das Dasein irgendeines, auch des niedrigsten Geschöpfes einzugreifen, da wir dadurch eine durch nichts gerechtfertigte Schuld auf uns laden und uns unseres Menschentums begeben.

Der Kampf ums Dasein, der sich um uns herum und unter den Geschöpfen abspielt, kann uns, sofern wir nicht der Gedankenlosigkeit verfallen sind, immer nur ein schmerzliches, nie ein mit Interesse und Freude verfolgtes Schauspiel sein. In keiner Weise darf uns Quälen und Töten ein edler oder vergnüglicher Sport werden. Man lasse uns mit dem Gerede vom «edlen Waidwerk» in Ruhe. Es muss sein, dass die Tiere, die den Ertrag der Felder in Frage stellen oder sonst in irgendeiner Weise schädlich sind, abgeschossen werden. Edel ist aber nur die Jagd, die in der Absicht betrieben wird, die Tiere möglichst rasch und schmerzlos zu töten. Wo aber das Tier zugleich ein aufregendes Schauspiel des Verfolgtwerdens abgeben soll und tausendfach Todesangst zu erleiden hat, ehe sich sein Geschick erfüllt, oder wo gar, wie bei der Falkenjägerei, Reiher und andere Vögel, zu deren Tötung kein Grund vorliegt, nur um des interessanten Schauspiels ihrer vergeblichen Fluchtversuche gejagt werden, kann von «edlem Waidwerk», mag dieses Wort auch dafür überliefert sein, in Wirklichkeit nicht die Rede sein.

Es ist eine Schande für unsere Zeit, dass allenthalben immer noch Hetzjagden veranstaltet werden, zu denen in den südlichen Ländern noch Stierkämpfe und so manche andere grausame Belustigungen kommen. In gewissen südlichen Gegenden besteht der Sonntagszeitvertrieb darin, dass eine Ratte zu einem Hund in einen Drahtkäfig getan wird und jung und alt den vergeblichen Kampf, den die Ratte für ihr Leben führt, mit Aufregung verfolgen. Und nun, wo wir alles daran setzen sollten, dass mit den letzten Resten solcher jeder Menschlichkeit Hohn sprechenden Veranstaltungen aufgeräumt werde, macht man wieder Stimmung für die grausame Jägerei mit Falken als für einen romantischen Sport der Naturfreunde!

Ist es wirklich die Aufgabe der 1901 zum Studium der Vogelzüge gegründeten staatlichen Vogelwarte zu Rossitten, die so viele Freunde unter den Tierfreunden zählt, sich mit der Abrichtung von Jagdvögeln zu beschäftigen und diese grausame Jagdart wieder populär zu machen?

Wenn der freie Raubvogel schwächere Vögel tötet, um für sich und seine Brut Nahrung zu haben, so handelt er den ihm von der Natur eingegebenen Trieben gemäß. Man hat sogar die Feststellung gemacht, dass das Geschlecht der von ihm verfolgten Vögel dadurch gesund erhalten wird, dass ihm besonders die von Krankheit geschwächten Tiere, die eine Ansteckungsgefahr für ihresgleichen bilden, zum Opfer fallen.

Gegen die Grausamkeit, die in den Geschöpfen der Natur ist, vermögen wir nichts. Wir selber aber, als solche, die wissend geworden sind, dürfen uns nicht Tiere abrichten, dass sie uns mit ihrem grausamen Morden auf Kosten ihrer armen Opfer Schauspiele bereiten. Unsere Bestimmung ist nicht, dass wir auf die Grausamkeit der Natur eingehen und uns mit ihr verbünden, sondern dass wir ihr eine Grenze setzen, soweit unser Wirken reicht. In tiefer Ehrfurcht vor dem Leben und in tiefem Empfinden für Weh und Angst haben wir zu suchender Barmherzigkeit zu dienen und Erlösung zu bringen. Wo wir aus Notwendigkeit so oft Leid und Tod über Geschöpfe bringen, müssen wir da, wo wir als Freie handeln dürfen, umso mehr darauf aus sein, sie zu schonen und ihnen Helfer zu sein.

Darum muss der denkende Mensch sich gegen alle grausamen Veranstaltungen auflehnen, mögen sie auch noch so sehr im Herkommen gewurzelt und mit Nimbus umgeben sein. Wahres Menschentum ist ein zu kostbares geistiges Gut, als dass man etwas davon an die Gedankenlosigkeit preisgeben dürfte.

Nur wenig von der vielen Grausamkeit, die von Menschen geübt wird, kommt wirklich auf Kosten grausamer Triebe. Das meiste davon fließt aus übernommener Gewohnheit und aus Gedankenlosigkeit. Die Grausamkeit hat also keine sehr festen, aber weit verzweigte Wurzeln. Darum macht es so viel Mühe, sie auszurotten. Aber die Zeit muss kommen, wo die von Gewöhnung und Gedankenlosigkeit geschützte Nichtmenschlichkeit der vom Denken verfochtenen Menschlichkeit erliegen wird.

Arbeiten wir daran, dass sie kommt.

Lambarene, am ersten Advent 1931.

Stierkampf

Der nächste und der übernächste Text zeigen, dass Albert Schweitzer auch noch in den letzten Monaten seines Lebens von Lambarene aus bemüht war, die Wahrheit seiner Ehrfurchtsethik nicht nur im philosophischen Diskurs zu vertreten, sondern ihr auch angesichts von öffentlich erörterten Zeitfragen öffentliche Wirkung zu verleihen. Der erste Text hat die Überschrift «La France et les Corridas» (Frankreich und die Stierkämpfe) und trägt am oberen Seitenrand das Datum 24. 10. 1964. Schweitzer schrieb ihn also nur wenige Wochen vor seinem neunzigsten Geburtstag. Vielleicht war er als Vorstufe zu einer geplanten Abhandlung über den Stierkampf gedacht, die verloren ist oder nie zustande kam. Seine Verachtung jenes grausamen Schauspiels hatte Schweitzer schon öfters bekundet. Diesmal aber behandelt er das Thema sehr grundsätzlich, und zwar im Zusammenhang mit einer problemgeschichtlichen Erörterung der Rolle, welche Philosophie und Christentum in Sachen des Tierschutzes überhaupt spielen. Der Text ist jedenfalls ein deutlicher Beweis dafür, wie sehr Schweitzer darauf vertraute, dass es auch «kulturellen Fortschritt durch Denkentwicklungen außerhalb akademischer Zünfte» geben kann (Claus Günzler in der Einführung zu unserem Text, Vorträge 232).

Seit einiger Zeit interessiert man sich in unserem Lande mehr und mehr für die Stierkämpfe[, viel häufiger] als bisher. Die Presse berichtet über die Fortschritte dieses spanischen Sportes in unserem Lande. Sie enthält sich aber eines Urteils über dieses Ereignis.

In früheren Zeiten fanden in französischen Städten in der Gegend der spanischen Grenze Stierkämpfe statt. Dies soll nun, meint man, nicht mehr und mehr in Vergessenheit geraten, sondern frisches Leben erhalten. Als ein großartiger und edler Sport sollen Stierkämpfe nun in unserem ganzen Lande stattfinden und Ansehen genießen.

Als Vorkämpfer in dieser Sache tritt ein so bedeutender Schriftsteller wie Henri de Montherlant auf. Der Held in seinem etwas verworrenen, pessimistischen Roman *Das Chaos und die Nacht* ist ein Stierkämpfer. Er ist eine heroische Persönlichkeit. Als solche soll er eine Bedeutung in unserer Zeit haben.

Der aufkommende Kult des Torerosportes mutet uns zu, uns für das alljährlich acht Tage dauernde Stierkampffest in Pampelune [Pamplona] zu interessieren. Für dieses kommen nicht nur die berühmtesten Toreros (Stierkämpfer) Spaniens, sondern Touristen aus der ganzen Welt nach Pampelune. Diese achttägige Feier besteht darin, [dass] Stiere für die Stierkämpfe jedes Tages, von Ochsen geleitet, jeden Morgen auf einer breiten, abgesperrten Straße zur Arena ziehen, wo sie dann in den Stierkämpfen jedes Tages alle getötet werden. Um ihren Mut zu zeigen, begeben sich junge Leute und alte Toreros in die abgesperrte Straße, um unbewaffnet sich unter die zur Arena getriebenen Stiere zu mischen und sie sogar mit Stockschlägen zu reizen, um als furchtlose Helden angesehen zu werden.

Der Stierkampf verfährt also erbarmungslos mit den Stieren.

Entspricht dies unserer Vorstellung des Verhaltens zu den Tieren? Nicht ganz. Der Sport steht bei uns schon so hoch in Ehren, dass man geneigt ist, dem Stiersport von vornherein Zugeständnisse zu machen, besonders auch, weil wir über unser Verhältnis zu den anderen Lebewesen noch nicht völlig im Klaren sind. Die europäische Philosophie hat fast bis in unsere Zeit hinein sich nicht ernstlich mit dem Problem unseres Verhaltens gegen die Kreaturen beschäftigt. Die Ethik, die sie lehrte, hatte es nur mit dem Verhältnis des Menschen zum Mitmenschen zu tun.

Auch die christliche Religion fand sich nicht genötigt, sich mit dem Problem zu beschäftigen. Auch sie unterließ es, uns Barmherzigkeit mit aller Kreatur aufzuerlegen.

[Aber] ein Christ und Denker des Mittelalters, Saint François d'Assise, 1182–1226, kam zur Erkenntnis, dass der Mensch sich als Bruder aller Geschöpfe zu betrachten habe. Einzelne verstanden ihn. Aber diese tiefe Lehre setzte sich nicht durch. Sie wurde als Poesie betrachtet. Die Kirche gab sich nicht mit ihr ab.

Das indische Denken aber gelangte zur Überzeugung, dass der Mensch sich brüderlich zu der Gesamtheit aller Kreaturen zu verhalten habe. Buddha verkündigte diese Lehre. Wohl erhielt das europäische Denken, das sich mit dem indischen beschäftigte, Kunde von ihr. Einer der bedeutendsten, durch indische Philosophie beeinflussten Denker war der deutsche Philosoph Arthur Schopenhauer (1788–1860). Er hatte Schüler in Europa. Einen von ihnen habe ich noch gekannt. Aber Europa konnte sich diese indische Idee nicht zu Eigen machen. Dies lag auch daran, dass sie auch in Indien mehr theoretisch als tatsächlich in Geltung war.

Europa musste also von selbst, [von] sich aus, auf sie kommen. Aber dies gelang ihm nicht durch seine Denker, sondern dadurch, dass kleine Leute sich bewogen fühlten, Mitleid mit den Tieren zu haben und es zu betätigen. So entstand die Bewegung des Tierschutzes. Auf diese elementare und praktische Weise stehen wir nun in Beziehung zur Kreatur. Unsere Weltanschauung erlaubt uns nicht mehr, in der Fremdheit und Teilnahmslosigkeit gegen die Kreatur zu verharren.

La destinée de l'homme est de devenir toujours plus humain. Il ne peut pas se soustraire à ce destin [Es ist die Bestimmung des Menschen, immer menschlicher zu werden. Er kann sich diesem Schicksal nicht entziehen]. Mehr und mehr wird er sich mit der Zeit eingestehen, dass das, was die vergangene Zeit nicht begriffen [hat], die Wahrheit ist, für die er sich entscheiden muss. Die Zahl derer, die auf diese Weise dazu kommen, sich brüderlich zu den Geschöpfen zu verhalten, ist im Zunehmen begriffen, die Zahl derer, die sich als Herren der Geschöpfe betrachten und meinen, nach Gutdünken mit ihnen verfahren zu können, wird abnehmen. Mehr und mehr geht uns modernen Menschen wie von selbst auf, dass die Geschöpfe unsere Brüder sind und das Recht haben, von uns als solche behandelt zu werden.

Auf Grund dieser Ehrfurcht vor allem Leben, das in unseren Bereich kommt, trauern wir, wenn wir aus irgendeinem Grunde in die Lage kommen, Geschöpfe töten zu müssen. Es ist uns selbstverständlich, ihnen Leiden möglichst zu ersparen. Der wahre Mensch fühlt sich als ein Bruder der Geschöpfe, nicht als ihr Herr.

Es kann also keine Rede davon sein, dass der Stierkampfsport mit den Stieren weiterhin so grausam verfährt wie bisher und uns zumutet, derselben Ansicht zu sein. Wir wollen nicht weiterhin diesen törichten und gemeinen Sport hinnehmen. Wir verachten ihn und können nicht anders, als diese naive Unmenschlichkeit zu verurteilen. Zu lange schon haben wir geschwiegen und geschehen lassen, was nicht geschehen durfte. In dem kommenden Kampf gegen die Unmenschlichkeit werden wir siegen, mag er sich auch noch so lange hinziehen. Wir wollen nicht, dass unsere Jugend in dem Geiste der naiven und gemeinen Unmenschlichkeit des Stierkampfsportes aufwächst. Wir wollen in unserem Lande gesunde Luft einatmen, nicht die schmutzige des Stierkampfsportes. Aux armes, citoyens!

Tierschutz

Ein weiteres Beispiel dafür, dass sich Albert Schweitzer ethischen Fortschritt auch durch Einmischung in öffentlich geführte Diskussionen versprach, ist der folgende Text. Es handelt sich dabei um einen Leserbrief, den Schweitzer von Lambarene aus zum Thema Tierschutz an die Wochenzeitung Christ und Welt *in Stuttgart gerichtet hat, den diese dann in der Nr. 4 vom 22.1.1965, also eine Woche nach Schweitzers neunzigstem Geburtstag, veröffentlichte. Bündig fasst der Brief die Argumente zusammen, mit denen sich Schweitzer von jeher für den Tierschutz eingesetzt hat.*

Ich habe mit großem Interesse Ihren Artikel über Tierschutz in CHRIST UND WELT Nr. 46 gelesen. Ich habe darin viele Einzelheiten erfahren, aus denen sich ergibt, dass die deutsche Regierung sich mit Tierschutz beschäftigt. Dies ist leider noch nicht in aller Welt der Fall.

Sehr interessiert hat mich die Besorgnis, von der Sie berichten, dass man die Tiere nicht vermenschlichen soll, damit sie nicht durch eine Hintertür in die Ethik eingeschmuggelt werden. Sie führen an, dass Regel sein sollte, dass man die Tiere nicht vermenschlichen, aber ebenso wenig versachlichen sollte. Sie seien als Kreaturen, die aus der gleichen Schöpferhand wie Blumen und Mensch stammen, zu betrachten. Von jeher habe ich diese Meinung gehabt. Ich wage sogar zu sagen, dass wir mit aller Kreatur, die leidet, barmherzig verfahren müssen. Denn alles Leben, auch das geringste, ist dem Leiden ausgeliefert.

Wir müssen Mitleid mit allem Leben haben, denn das Mitleid kennt keine Grenzen. Es geht auf das Leiden aller Kreatur, der höchsten und der niedrigsten. Das Mitleid mit der Kreatur ist nicht etwas Besonderes, das noch nichts mit der «Ethik» zu tun hat. Mir macht es nichts aus, dass die Tiere in der Ethik herumlaufen. Es gibt nicht zwei Arten von Ethik, sondern nur eine. Die Tiere sind unsere Brüder, die großen wie die kleinen. Erst in dieser Erkenntnis gelangen wir zum wahren Menschentum. Diese Bruderschaft zwischen Mensch und Kreatur hat der heilige Franziskus von Assisi (1182 bis 1226) erkannt. Aber die Menschen verstanden es nicht. Sie meinten, es sei Poesie. Es ist aber die Wahrheit. Die Religion und die Philosophie müssen es anerkennen. Vergebens haben sie sich dagegen gewehrt.

Albert Schweitzer, Lambarene/Gabun

MENSCH UND KREATUR IN DEN WELTRELIGIONEN

Das Manuskript zu dem nachstehenden umfangreichen Text hat Albert Schweitzer zwischen 1931 und 1933 in Lambarene geschrieben, wohl – wie vermutet wird –nach ermüdendem Tagewerk, worauf die zahlreichen Randnotizen hindeuten. Diese könnten allerdings auch zeigen, dass Schweitzer das Manuskript in wesentlichen Teilen noch nicht als definitiven Text angesehen hat. Veröffentlicht worden ist er jedenfalls erst 2001 in den Werken aus dem Nachlaß. *Die dort als Anmerkungen wiedergegebenen Randnotizen werden hier nicht übernommen, weil sie zumeist nur aus Stichworten bestehen, die sich Schweitzer für eine spätere Überarbeitung des Manuskriptes vormerken wollte.*

Die Überschrift «Mensch und Kreatur in den Weltreligionen» trifft nur für die ersten fünf Kapitel zu. In den beiden Schlusskapiteln wird das Thema auch im antiken europäischen sowie im Denken des europäischen Mittelalters untersucht. In der Sache aber geht es hier wie da um das Problem des Verhältnisses von Mensch und Kreatur oder menschlichem und nichtmenschlichem Leben, ein Thema, das Schweitzer zeit seines Lebens wie kaum ein anderes beschäftigt hat. Zentrales Anliegen war ihm jedenfalls wie auch sonst die Ausweitung der Ethik über die menschliche Artgrenze hinaus. Diese Thematik war 1933 nicht mehr neu; man findet sie in den frühen Predigten ebenso wie in der Kulturphilosophie von 1923 und in zahlreichen sonstigen Äußerungen Schweitzers. Wichtig aber ist, dass er all diese Gedanken hier erstmals zu einer Gesamtdarstellung zusammengefasst hat. Als solche beeindruckt sie vor allem durch die Weite des Horizontes, der von Europa bis Asien und von der griechischen Antike bis zur Gegenwart reicht. Wieder einmal ist damit der Versuch gemacht, «die Gesinnung der Humanität in einer aus elementarem Denken kommenden, allgemein mitteilbaren Weltanschauung zu begründen» (GW II, 115).

Allgemeines

Zu der Schwierigkeit, dass in dem Weltgeschehen nichts Ethisches zu entdecken ist, kommt noch eine andere, die in der Ethik selber zutage tritt. In dem Maße, als die Vorstellung des Weltganzen wirksam zu werden beginnt, erweitert sich auch der Horizont der Ethik. Statt es nur mit Pflichten des Menschen gegen den Menschen und die Gesellschaft zu tun zu haben, gelangt sie dazu, mit seinem rechten Verhalten zu allem Lebendigen beschäftigt zu sein. Indem sie aber in dieser Weise universell wird und die Verantwortlichkeit des Menschen gegen alle in seinen Bereich tretenden Wesen behauptet, hört sie auf, als ein geordnetes und in sich geschlossenes System von Tugenden und Pflichten begreifbar zu sein.

Von sich aus ist das Bewusstsein des Menschen, mit anderen Wesen solidarisch verbunden zu sein, in Erweiterung begriffen. Solange er in primitiven Verhältnissen lebt und in primitivem Denken verharrt, sieht er nur seine nächsten Blutsverwandten und engeren Stammesverwandten als seinesgleichen an. Alle anderen Menschenwesen gelten ihm nichts. Er schädigt und vernichtet sie, wie es ihm und seinen Interessen geboten scheint oder wie es ihm gerade in den Sinn kommt. Tritt er aus den primitiven Verhältnissen und der primitiven Denkweise heraus, so fängt er an, den Kreis der Gemeinschaft weiter zu ziehen, und neben der mehr oder weniger individuellen Verwandtschaft erkennt er die Wesens-Verwandtschaft an. Diese Vorstellung der Verbundenheit mit gleichartigen Wesen erweitert sich in dem Maße, als die Lebensverhältnisse und die Geistigkeit des Menschen sich entwickeln. Solange er noch in Verbänden des Stammes lebt, erstreckt sich sein ethisches Verhalten auf Stammesgenossen. Kommt es im Fortschritte der Zeiten dahin, dass die Stämme sich zu Völkern zusammenschließen, so gelten ihm die Angehörigen eines großen Volksganzen als seinesgleichen.

Aber dies ist nur ein Durchgangspunkt, kein Endpunkt. Bewegt sich der Mensch einmal in der Vorstellung dieser allgemeinen, in Wesensverwandtschaft begründeten Verbundenheit mit anderem Leben, so kann er nicht Halt machen, wo er will, sondern muss den damit betretenen Weg der Verallgemeinerung bis zu Ende gehen. Wagt er, sich wirklich denkend zu verhalten, so kann er nicht anders, als den Menschen als solchen als seinesgleichen anzusehen und sich verpflichtet zu fühlen, sich ihm gegenüber in ethischer Weise zu verhalten. Aus der Vorstellung der Wesenverwandtschaft entsteht die Idee der Menschheit.

Aber auch die Menschheit ist nicht ein Ende, sondern nur ein Kreis, der in einem noch größeren liegt.

Legen wir alle Gedankenlosigkeit ab, so können wir nicht bei der Meinung verbleiben, dass zwischen uns und den Geschöpfen keine Beziehungen bestehen und dass für unser Verhalten zu ihnen Gut und Böse nicht gelten. Dass wir mit ihnen empfinden und an ihrem Wohl und Wehe teilnehmen, kommt uns dann nicht mehr als ein zu unterdrückender Gefühlsüberschwang, sondern [als] etwas in unserem Wesen natürlich Gegebenes vor. Es geht uns auf, dass wir diesem Empfinden freien Lauf lassen müssen; noch mehr, dass wir suchen müssen, über es ins Klare zu kommen und es in seiner ganzen Tragweite zu erfassen. Unternehmen wir dies, so geht uns auf, dass sich unsere Verbundenheit mit der Kreatur nicht auf Geschöpfe, die mit uns leben und unser Dasein teilen, beschränken lässt. Wie sich innerhalb der Menschheit keine Grenze der Wesensgemeinschaft zwischen Mensch und Mensch feststellen lässt, also auch nicht innerhalb der Kreatur zwischen Geschöpf und Geschöpf. Das ernsthafte Besinnen auf unser Verhalten zur Kreatur führt notwendig zu dem Ergebnis, dass wir uns unserer Verbundenheit mit allem lebendigen Sein bewusst werden. Naturgemäß ist unser Mitempfinden umso unmittelbarer und lebhafter, je näher die Wesen uns ihrer Art und ihrem Erleben nach stehen. Aber auch zu dem Leben, das von dem unsrigen weit abliegt, vermögen wir uns, wenn wir einmal der Gedankenlosigkeit entronnen sind, nicht unfühlend zu verhalten. Mögen wir von seinen Regungen auch noch so wenig verstehen, so wissen wir doch, dass in ihm Wille zum Leben und Sehnsucht nach Glück ist wie in uns und dass ihm Leiden und Vernichtung beschieden sind wie uns. Mit allem, was lebt, sind wir durch Wesens-Verwandtschaft und Schicksalsgemeinschaft verbunden. Wahre Ethik verlangt, dass wir nicht nur uns nahe stehendes Leben, sondern alles Leben, das in unseren Bereich tritt, zu erhalten und zu fördern suchen. Alles Leben ist Geheimnis; alles Leben ist Wert.

Erst wenn die Lebensanschauung sich zu dieser Erkenntnis erhoben und in ihr Bezogenheit auf die Welt erreicht hat, kann sie es unternehmen, sich mit der Anschauung von der Welt auseinanderzusetzen und sich in ihr begreifen zu wollen. Erst wenn er seine Verbundenheit mit allem Lebendigen anerkennt und betätigt, besitzt der Mensch wahres Menschentum.

Wie das Wasser in unaufhaltsamem Laufe dem Gefälle folgend zum Meere gelangt, also wird der Mensch in einfachstem sachlichem Überlegen über alle Grenzen, die er innerhalb der Menschheit und innerhalb der Kreatur ziehen möchte, hinausgeführt und zur Anerkennung seiner Verbundenheit mit allem lebendigen Sein genötigt. Statt dass nun aber, wie zu erwarten wäre, diese fundamentale Wahrheit, auf die wir alle hingetrieben werden, sich in dem Denken der Menschheit durchsetzt und ihre Rolle in ihm spielt, wird sie in ihm unterdrückt oder um ihre Bedeutung gebracht. Auch wenn sie hie und da einige Anerkennung erfährt, so wirkt sie sich doch nie in ihrer wirklichen Bedeutung in der Weltanschauung aus.

Unterdrückt wird sie in dem europäischen Denken, dem antiken sowohl als auch in dem mittelalterlichen und dem neuzeitlichen.

Die antike europäische Philosophie bekommt das Problem Mensch und Kreatur überhaupt noch nicht in Sicht, wie sie in der Ethik, vom Spätstoizismus abgesehen, auch nicht bis zum Gebote der allgemeinen Menschenliebe hindurchdringt. Sie lässt den Menschen nur mit sich, der menschlichen Gesellschaft (zu der überdies nur die Freien, nicht auch die Arbeitenden gerechnet werden!) und der Welt beschäftigt sein.

Die mittelalterliche europäische Philosophie übernimmt vom Judentum und vom Christentum das Gebot der Liebe. Durch dieses sollte sie eigentlich zum Problem des Verhaltens des Menschen zur Kreatur hingeführt werden. Ist die Idee der Liebe einigermaßen lebendig, so muss sie ja naturgemäß bei der Frage anlangen, ob sie dabei stehen bleiben könne, nur für die Beziehungen des Menschen zu den Menschen zu gelten, oder ob sie es nicht auch mit den Geschöpfen zu tun habe.

Das mittelalterliche Denken jedoch stellt keine derartigen Erwägungen an. Zwar findet es in der jüdisch-christlichen Ethik, die es zu der seinigen macht, schon einige die Gütigkeit gegen die Geschöpfe betreffende Forderungen vor. Aber es setzt das dort Begonnene nicht fort. Es bringt ihm kein Verständnis entgegen, ja, es gibt sich überhaupt keine Rechenschaft von ihm. Bereits Errungenes – so wertvoll, wie wenig es auch ist! – lässt es wieder verloren gehen. In der so tragischen Geschichte des Denkens der Menschheit ist dies eines der traurigsten Geschehnisse. Eine fahle Dämmerung, statt zum Tage zu werden, erlöscht wieder im Dunkel.

Mensch und Kreatur im chinesischen Denken

Das chinesische Denken erkennt die Wesensverwandtschaft von Mensch und Geschöpf als etwas Selbstverständliches an. Es nimmt an, dass in allen Wesen die beiden Grundkräfte des Seins, das Yang und das Yin, wirksam sind. Das Yang ist das Lichte, Männliche und Starke, das Yin das Dunkle, Weibliche und Schwache. Diese beiden Grundkräfte sind einander gleichwertig. Das Lichte mit dem Vollkommenen und Ethischen und das Dunkle mit dem Unvollkommenen und Unethischen gleichzusetzen, wie es Zarathustra tut, liegt dem chinesischen Denken fern. Es kennt keinen Dualismus. Das Yang und das Yin sind zwei rein auf Zusammenwirkung eingestellte natürliche Kräfte, von denen jede die Möglichkeit des Ethischen in sich trägt. Verwirklicht wird diese Möglichkeit da, wo sie beide in vollendeter Weise miteinander vorhanden sind: In den lebendigen Wesen. Unter diesen ist der Mensch, weil das Yang und das Yin sich in ihm am besten miteinander verbinden, das geistigste und das ethischste, wohl das höchste, aber nicht ganz andersartige Wesen.

Den Unterschied von sterblichen und unsterblichen Wesen kennt das chinesische Denken nicht. Ihm zufolge sind sie alle sterblich und unsterblich zugleich. Sterblich sind sie als einmalige individuelle Erscheinung von Leben, unsterblich, weil das in ihnen vorhandene Leben nicht der Vernichtung anheim fällt, sondern in neuen Wesen neue Gestalt annimmt. Das unvergängliche Leben ist in steter Wandlung begriffen. «Geburt und Tod, Leben und Sterben bilden ein Ganzes», heißt es bei Dschuang Dsi [VI,3]. Von demselben: «Was wir ein Ende nehmen sehen, ist nur das Brennholz. Das Feuer brennt weiter.» [III,4]

Der zur wahrhaften Innerlichkeit und Demut gelangte Mensch erhebt nicht den Anspruch, dass das Leben, das in ihm Gestalt gewonnen hatte, nach seinem Tode wiederum in Menschendasein in Erscheinung trete. Er findet sich darein, ein ganz anderes Geschöpf zu werden.

Als Meister Lai im Sterben lag, erzählte Dschuang Dsi, sprach er zu Meister Li, der ihn besuchte: «Wenn ich, nachdem ich einmal Menschengestalt erhalten habe, nun sprechen wollte: ‹Wieder ein Mensch, wieder ein Mensch will ich werden!›, so würde mich der Schöpfer als untauglichen Menschen betrachten. Nun ist die Natur der große Schmelzofen, der Schöpfer ist der große Gießer: Wohin er mich schickt, soll es mir recht sein. Es ist vollbracht. Ich schlafe ein, und ruhig werde ich wieder aufwachen.» [VI,3]

«Alle Geschlechter von Fleisch und Blut», sagt Liä Dsi, «sind in der Denkart des Herzens nicht gar weit verschieden» [II,18, Schluss]. Dies schließt er daraus, dass die anderen Geschöpfe, wie der Mensch, ihr Leben zu erhalten trachten, sich paaren, ihre Jungen lieben, sich gegenseitig Beistand leisten, wenn sie in Herden beisammenwohnen, und für Musik empfänglich sind. Es sei gar nicht auszumachen, ob es nicht vorkomme, dass ein Tier das Herz eines Menschen und ein Mensch das Herz eines Tieres habe. In uralten Zeiten hätten die Tiere mit den Menschen zusammen gewohnt, und die Weisen von damals hätten ihre Sprache und Gedanken verstanden.

«Wie wenig ist es doch, das den Menschen von den Tieren unterscheidet. Die Masse geht darüber hinweg; der Edle hält es fest», heißt es bei Mong Dsi [IV B,19].

Yang Dschu erhebt dagegen Einspruch, dass die Menschen behaupten, der Himmel habe die Tiere zu ihrem Gebrauche erschaffen. «Alle Wesen auf der Welt», lässt er einen Knaben sagen, «sind unsere Mitgeschöpfe. Unter diesen Geschöpfen gibt es nicht edlere und geringere. Sie überwältigen einander nur durch Größe, Klugheit und Kraft und essen dann der Reihe nach einander auf. Es ist aber nicht so, dass sie für einander erzeugt wären. [Was der Mensch an essbaren Dingen unter die Hand bekommt, das isst er auf. Aber das ist nicht ursprünglich vom Himmel für den Menschen erzeugt.] Schnaken und Mücken beißen uns in die Haut, Wölfe und Tiger fressen unser Fleisch; aber darum hat doch nicht ursprünglich der Himmel den Menschen und sein Fleisch für Schnaken und Mücken, für Wölfe und Tiger wachsen lassen.» [Yang Dschu, bei Liä Dsi VIII,28]

Von der hochmütigen Engherzigkeit der europäischen Denker den Geschöpfen gegenüber sind die chinesischen also vollständig frei. In großartiger Vorurteilslosigkeit erkennen sie die zwischen dem Menschen und der Kreatur bestehende Verbundenheit an. Aber in der Frage, inwieweit sie zu betätigen sei, urteilen sie verschieden, je nachdem sie Anhänger des Laotse oder des Kungtse sind.

Laotse, Liä Dsi, Dschuang Dsi und Yang Dschu verneinen tätige Ethik überhaupt. Der Mensch, behaupten sie, dürfe nicht in das von der Natur gewirkte Geschehen eingreifen. Seine Gütigkeit habe sich darin zu erschöpfen, dass er für andere Wesen freundliche Gesinnung hege und es nach Möglichkeit vermeide, ihnen in irgendeiner Weise Böses anzutun. Aber ihnen ein anderes, besseres Schicksal bereiten zu wollen als das ihnen nach dem natürlichen Verlauf der Dinge bestimmte, sei eine Vermessenheit. Das Ergebnis des Waltens der Kräfte des Himmels und der Erde müsse notwendig gut sein, wenn es auch nicht mit der Vorstellung vom Guten, die sich Menschen zurechtmachen, übereinstimme. Menschen oder Geschöpfen hingebende Liebe zu erweisen, sehen Laotse und die Seinen also als eine Verirrung an. Aber das Verhalten des Nicht-Schädigens fordern sie.

Dass Betätigung der Liebe zu den Geschöpfen ein Eingriff in das Naturgeschehen ist und sich deshalb notwendig in nachteiliger Weise auswirkt, legt Yang Dschu an dem Beispiele des Mannes dar, der am Neujahrstage gefangenen wilden Tauben die Freiheit schenkt, um damit gütige Gesinnung zu bezeugen. Weil er dazu gefangene Tauben braucht und diese gut bezahlt, stellen die Leute diesen Tieren nach und töten bei dem Einfangen eine große Anzahl. Wie viel besser wäre es für die Tauben, wenn sich niemand um sie kümmerte, weder sie zu fangen noch sie frei zu lassen [VIII,27].

Kungtse und seine Schule hingegen verlangen tätige Menschenliebe. In der von ihm ausgehenden Schule kommt dann die Lehre des gütigen Verhaltens gegen die Geschöpfe zur Ausbildung.

Kungtse selber hat noch so viel damit zu tun, dem Gebote der tätigen Liebe in seiner Anwendung auf den Menschen Anerkennung zu verschaffen, dass er nicht auch noch für seine Ausdehnung auf die Geschöpfe eintritt. Wenigstens sind uns keine dahin lautenden Aussprüche von ihm überliefert. Aber die Anfänge einer Rücksichtnahme auf die Geschöpfe finden sich schon bei ihm. In dem «Lun Yü» wird berichtet, dass er Fische nie mit dem Netze, sondern nur mit der Angel fing (um ihrer nicht mehr zu töten als er gerade brauchte), und dass er nur auffliegende, aber nie auf dem Nest sitzende (das heißt brütende) Vögel schoss [VII,26].

Bereits stark entwickelt ist das Mitempfinden mit den Geschöpfen bei seinem großen Nachfolger Mong Dsi. Dieser lobt den König Süan von Tsi dafür, dass er Mitleid mit einem zum Schlachtopfer bei einer Glockenweihe bestimmten Ochsen hat und Befehl gibt, ihn laufen zu lassen. Eine solche Gesinnung, sagt er, genüge, um König der Welt zu werden. Im Verlaufe des sich an diesen Vorfall anschließenden Gespräches äußert er: «Es geht dem Gebildeten mit den Tieren nun einmal so: Wenn er sie lebend gesehen hat, kann er nicht zusehen, wie sie getötet werden, und wenn er sie hat schreien hören, bringt er es nicht über sich, ihr Fleisch zu essen. Das ist ja auch der Grund, warum der Gebildete sich von der Küche fernhält.» [I A,7]

Weitgehende Forderungen des Mitleids mit den Geschöpfen stellt das *Kan-Ying-Pien*, das Buch *Von den Handlungen und der Vergeltung*, auf. Es handelt sich um eine populäre Schrift, die uns in der Fassung, die sie etwa im 15. Jahrhundert n. Chr. besaß, erhalten ist. In Wirklichkeit ist sie viel älter. Sie besteht aus 212 meistens sehr kurzen Sätzen über gut und böse. Sehr verbreitet ist eine Ausgabe, in der jeder Spruch von einer kurzen Erklärung begleitet ist und durch zwei oder drei Erzählungen erläutert wird. Die Sprüche sind Laotse in den Mund gelegt, gehen aber nicht auf ihn zurück. Sie verkünden eine einfache, aber in ihrer Innerlichkeit ergreifende Ethik.

Eine Reihe dieser Sprüche handelt von dem Mitleid mit den Geschöpfen und seiner Betätigung. Hier führt eine Ethik das Wort, die verlangt, dass der Mensch sich seiner Verantwortung allen Wesen gegenüber, die sich in seinem Bereiche befinden, voll bewusst sei, und nicht nur den Tieren, sondern auch den Pflanzen, so weit er nur immer könne, Schonung und Hilfe angedeihen lasse.

Dass das Vergnügen an der Jagd eine sittliche Verirrung sei, wird in mehreren Erzählungen dargetan. Eine derselben lautet:

Wou-Tang aus Liu-Ling pflegte seinen Sohn mit auf die Jagd zu nehmen. Eines Tages trafen sie einen Hirsch, der mit seinem Jungen spielte. Als er Tang erblickte, ergriff er die Flucht. Tang aber nahm einen Pfeil und tötete das Junge. Der erschreckte Hirsch floh unter schmerzlichem Geschrei. Als Tang sich in das hohe Gras versteckt hatte, kam der Hirsch und leckte die Wunde des Jungen. Wiederum spannte Tang seinen Bogen und tötete den Hirsch.
Etwas später erblickte er einen anderen Hirsch und sandte ihm einen Pfeil nach. Aber der Pfeil kam aus seiner Bahn und durchbohrte den Sohn. Da warf Tang seinen Bogen hin und umarmte seinen Sohn unter Tränen. In diesem Augenblick hörte er eine Stimme aus den Lüften, die zu ihm sprach: «Tang, der Hirsch liebte sein Junges eben so sehr wie du deinen Sohn».

Das *Kan-Ying-Pien* macht keinen Unterschied zwischen nützlichen und unnützen Geschöpfen. Es verlangt, dass der Mensch, soviel er nur könne, um alle, für die er zum guten oder bösen Schicksal werden könne, besorgt sei. Diese Forderung entwickelt es bis in die letzten Folgerungen. Recht tut, ihm zufolge, der Mann, der die Ausbesserung einer alten Mauer unterlässt, um die in ihren Ritzen nistenden Insekten nicht zu schädigen.

Das *Kan-Ying-Pien* steht in der Weltliteratur einzig da. Es nimmt es mit den Pflichten des Menschen gegen die Kreatur so ernst und zieht ihren Kreis so weit, wie dies weder vordem noch seither jemals geschehen ist.

Als etwas Selbstverständliches vertritt dieses Werk die Anschauung, dass den Geschöpfen wohlzutun Lohn und ihnen Leid zuzufügen Strafe mit sich bringe. In der Regel schließen die angeführten Erzählungen mit der Erwähnung des Glückes oder des Erfolges, dessen der Betreffende für die Betätigung seiner mitleidigen Gesinnung gegen die Kreatur teilhaftig wurde. Diese Theorie von Lohn und Strafe ist aber nicht dahin zu deuten, dass der Mensch sich barmherzig erweist, um Wohlergehen zu erlangen und von Unglück verschont zu bleiben. Er tut es aus reinem Mitempfinden. Da aber nach Kungtses Auffassung der ethisch handelnde Mensch sich mit den im Weltgeschehen tätigen Kräften in Harmonie befindet, während der nicht-ethische im Widerstreit zu ihnen steht, ergibt sich als begleitender Umstand, dass dem einen glückliche, dem andern nicht-glückliche Ereignisse bestimmt sind.

Diese durch das *Kan-Ying-Pien* vertretene Ethik der Liebe zu allen lebendigen Wesen hat man aus einer Einwirkung des Buddhismus auf das chinesische Denken erklären wollen. Mit Unrecht. Wohl findet der Buddhismus in den ersten Jahrhunderten n. Chr. starke Verbreitung in China, und zwar gerade in der Gestalt des in den ersten Jahrhunderten n. Chr. sich ausbildenden Mahāyāna-Buddhismus, der die Barmherzigkeit gegen alle Wesen viel lebendiger predigt als Buddha selber es getan. Aber nirgends macht sich im *Kan-Ying-Pien* die Eigenart des buddhistischen, sich ganz und gar aus einer pessimistischen Weltanschauung begründenden Idee des Mitleids geltend. Es fehlt in ihm auch jegliche Spur der buddhistischen Vorstellung vom Ursprung des Leidens und vom Zustandekommen der Erlösung. Von einer ganz unbefangenen welt- und lebensbejahenden Weltanschauung aus und mit Berufung auf das unmittelbare Mitempfinden mit den Geschöpfen verlangt es Liebe zu ihnen. Es vertritt ein universelles Mitleid, zu dem das chinesische Denken von sich aus in der folgerichtigen Ausbildung der Anschauungen des Kungtse und Mong Dsi gelangen musste.

Die Wege, die von Kungtse und Mong Dsi zum *Kan-Ying Pien* führen, liegen im Dunkeln. Ob von Dokumenten dieser Entwicklung noch etwas vorhanden ist und wie viel es ist, bleibt noch zu erforschen. Sicher aber ist, dass in diesem unscheinbaren und populären Werke die von Kungtse und Mong Dsi verkündigte Ethik der Liebe ihre naturgemäße Vollendung erreicht. Mehr noch: Zum ersten Male ereignet es sich in dem Denken der Menschheit, dass die Ethik universell wird und dass sie, frei von jeglicher Hemmung, dem Menschen die volle Betätigung reiner Verbundenheit mit der Kreatur zumutet. Zum ersten Male kommt der Geist vollendeter Humanität zu Worte.

Auf die Probleme aber, mit denen es die universelle Ethik zu tun hat, geht das chinesische Denken nicht ein. Es setzt sich nicht mit der verwirrenden Tatsache auseinander, dass der Mensch (weil er es nicht vermeiden kann, anderes Leben zu schädigen und zu vernichten, und weil er der Naturnotwendigkeit unterworfen ist, seine Existenz auf Kosten oder zum Nachteil anderer zu erhalten) sich in der Lage befindet, gegen die Ethik der universellen Liebe handeln zu müssen. Es sucht keinen Entscheid in diesem Widerstreit von Notwendigkeit und Ethik.

Das chinesische Denken langt also bei der universellen Ethik an. Aber es überschaut und ergründet sie nicht.

Mensch und Kreatur im indischen Denken

Wie das chinesische, so erkennt auch das indische Denken die zwischen den Menschen und den Geschöpfen bestehende Wesensverwandtschaft an. Sie ergibt sich für es aus der in den Brāhmaṇa's und Upanishad's etwa zwischen 800 und 500 v. Chr. aufkommenden Lehre, dass allen Wesen etwas Seelisches, der Ātman, innewohnt und dass sie miteinander an der Weltseele, dem Brahman, teilhaben.

«Das Brahman dient allen Wesen zur Wohnung und wohnt in allen Wesen» (Brahmabindu-Upanishad).

«Wer in allen sich und sich in allen Wesen sieht, der geht, nicht aus einem anderen Grunde, in das höchste Brahman ein» (Kaivalya-Upanishad).

«Die Seele der Geschöpfe ist eine Einheit, nur von Geschöpf zu Geschöpf verteilt: eine Einheit und Vielheit zugleich, wie der Mond sich in vielerlei Gewässern spiegelt» (Brahmabindu-Upanishad).

Weichen die Sāṃkhyalehre, die Jainalehre und der Buddhismus in der Erklärung des Verhältnisses des in den einzelnen Wesen vorhandenen Seelischen zur Totalität des in der Welt seienden Seelischen vom Brahmanismus ab, so steht ihnen doch nicht minder fest als ihm, dass der Mensch und die Geschöpfe einander wesensverwandt sind.

In dem indischen Denken gelangt die Lehre von dem stetigen Wiedergeboren-Werden, die von Dschuang Dsi und andern chinesischen Denkern nur ganz allgemein verkündet wird, zu voller Ausbildung. Schon die ältesten Upanishad's vertreten die Anschauung, dass Menschen in Tierexistenzen und Tiere in Menschenexistenzen wiederkehren können. Verworfen wird sie nur von materialistischen Denkern, die nicht anerkennen, dass alle Wesen ein nicht sichtbares und von dem Zerfall des Körpers nicht betroffenes Seiendes besitzen.

Die in dem indischen Denken so stark vorhandene Überzeugung von der zwischen dem Menschen und den Geschöpfen bestehenden Wesensverwandtschaft wird in ihrer Auswirkung aber durch die in der Weltanschauung vorhandene Welt- und Lebensverneinung gehemmt. Für die Welt- und Lebensverneinung ist das in der Sinnenwelt verlaufende Dasein etwas, das zum Aufhören gebracht werden muss. Es hat also eigentlich keinen Sinn, dass der Mensch das Leben der Geschöpfe zu erhalten und zu fördern suche. Ob es ihnen den äußeren Lebensumständen nach etwas mehr oder weniger gut ergeht, hat keine Bedeutung. Ihr Dasein ist von Grund aus verfehlt, weil sie individuelles, in der Sinnenwelt gefangenes und in ihr stetig zur Wiedergeburt gelangendes Sein sind. Das einzig für sie in Betracht kommende Glücklich-Werden kann nur darin bestehen, dass sie von dem Wiedergeboren-Werden frei werden und in dem reinen Sein aufgehen.

Die Welt- und Lebensverneinung fordert Verzicht auf alles Wirken, das in der irdischen Welt etwas ausrichten will, auf das ethische nicht minder als auf das egoistische. Als das allein sinnvolle Verhalten sieht sie das der Nicht-Tätigkeit an.

Insoweit als es mit sich selber in Übereinstimmung bleibt, kann das indische Denken also nur den Grundsatz vertreten, dass der Mensch vermeiden müsse, Geschöpfe zu schädigen. Darüber hinaus Taten gütiger Gesinnung gegen sie zu gebieten, ist es nicht imstande.

Von ganz anderen Voraussetzungen aus beschränken sich auf das Nicht-Schädigen auch die chinesischen Denker, die der Tao-Lehre anhangen. Ihre Ehrfurcht vor den gütigen Kräften, die in dem Naturgeschehen walten, ist so groß, dass sie durch menschliches Tun selbst da nicht einzugreifen wagen, wo das Mitleid es zu gebieten scheint. Sie überlassen die Geschöpfe ihrem Schicksal, weil sie dieses für das Beste, das ihnen widerfahren kann, ansehen. Dem indischen Denker erscheint dies das Gebotene, weil ihnen mit irdischem Tun überhaupt nicht geholfen werden kann. Tiefster Optimismus und tiefster Pessimismus begegnen sich also in der Beschränkung der Ethik auf das Nicht-Tun.

In seinen Anfängen zeigt das indische Denken wenig Neigung, aus der behaupteten Zusammengehörigkeit von Mensch und Kreatur überhaupt ethische Folgerungen zu ziehen. In den Upanishad's weht eine kühle Luft: Der Einzelne ist nur mit sich selbst beschäftigt. Das Wissen davon, dass das wahrhaft Seiende in allen Wesen die Weltseele ist, hat für ihn vor allem die Bedeutung, dass es ihm den Weg der Erlösung offenbart. Nun weiß er, dass er dem stetigen Wiedergeboren-Werden (Saṃsāra) dadurch entgehen kann, dass er die Gedanken auf das ewige und unsichtbare Sein gerichtet hält und alle Beziehungen zur irdischen Welt aufgibt. Die Hauptbedeutung der Lehre von der Allbeseelung liegt für ihn also darin, dass sie die Seelenwanderung und ihr Aufhören erklärt.

Von Mitempfinden mit den Geschöpfen ist in den Upanishad's nicht die Rede. Das berühmte «Tat tvam asi» (Das bist du) aus der Belehrung, die der Brahmane Āruṇi seinem Sohne Śvetaketu in der Chāndogya-Upanishad [VI] zuteil werden lässt, ist nicht so gemeint, dass der wissende Mensch sich durch Verstehen und Teilnehmen mit andern Wesen eins fühlt und ihr Schicksal als das seinige erlebt, sondern nur so, dass er das in ihm wohnende unsichtbare Brahman auch [als] das eigentliche Selbst aller Dinge ansieht. Śvetaketu soll begreifen, dass sein eigentliches Selbst mit der Lebenskraft, die die Frucht des Nyagrodha-Baumes zum Baume selbst werden lässt, und mit dem Salz, das unsichtbar in dem Meerwasser vorhanden ist, identisch ist.

In den Upanishad's handelt es sich nicht darum, dass der Mensch als solcher sich mit den Geschöpfen als solchen verbunden fühle. Nur diese Beziehung besteht zwischen ihm und ihnen, dass das Seelische in ihm sich mit dem Seelischen in ihnen identisch weiß.

Das Gebot des Nicht-Verletzens (Ahiṃsā) fängt in den Upanishad's erst an, aufzukommen. Nur selten wird seiner Erwähnung getan. In der bekanntesten dieser wenigen Stellen (sie findet sich in [der] Chāndogya-Upanishad [VIII,15]) heißt es, dass zur Brahmanwelt gelangt, wer nach der Ordnung seine Schülerzeit verbrachte, als Hausvater im Studium des Veda verharrte, fromme Söhne und Schüler aufzog, all seine Organe im Ātman zur Ruhe kommen ließ und zeitlebens kein lebendiges Wesen geschädigt hat.

Eigentlich – dies muss man sich immer gegenwärtig halten – entsteht das Gebot des Nicht-Verletzens gar nicht in ethischem Überlegen, sondern ergibt sich einfach als Anwendung des Grundsatzes des Nicht-Tuns auf das Verhalten des Menschen zu den anderen Wesen. Erst nachträglich nimmt es ethischen Charakter an.

Dass es in den Upanishad's erst im Begriffe ist, zur Geltung zu gelangen, wird daraus ersichtlich, dass diese sich gegen die hergebrachte Opferung von Tieren nicht deswegen aussprechen, weil sie solche Tötung mißbilligen. Sie stellen nur in Abrede, dass den Opfern eine Bedeutung für die Erlösung zukomme.

Zur Ausbildung gelangt das Gebot der Schonung der lebenden Wesen (Ahiṃsā) in der Jaina-Lehre und in dem mit ihr gleichzeitig – um die Wende des 6. zum 5. Jahrhundert v. Chr. – aufkommenden Buddhismus.

Die Jaina-Lehre geht auf Mahāvīra, den wohl um 484 v. Chr. verstorbenen Zeitgenossen Buddhas, zurück. Sie nimmt eine Art Mittelstellung zwischen der brahmanischen und der buddhistischen [Lehre] ein. Mit beiden hat sie die Vorstellung des Kreislaufs der Wiedergeburten (Saṃsār) gemein. Brahmanisch ist sie in der Hochschätzung der Askese, buddhistisch in dem Verzicht auf den Glauben an Götter, in der Verwerfung der blutigen Opfer und in dem Wertlegen auf das Ethische, insbesondere auf das Mitleid. In der Anschauung vom Sein weicht sie vom Brahmanismus darin ab, dass sie nicht ein all-eines, reines Sein und ein Aufgehen alles Einzel-Seins in ihm annimmt, sondern die individuelle Seele als solche zur Freiheit von der irdischen Welt gelangen lässt. Dieses reine, leidlose

Dasein wird mit dem Ausdruck Nirvāṇa bezeichnet, der dann auch im Buddhismus im Gebrauch ist.

Im Jainismus steht das Gebot des Nicht-Verletzens (Ahiṃsā) über allen anderen und verlangt ausnahmslos und bis ins Kleinste gehende Befolgung. Auch die schädlichen Tiere sollen nicht vernichtet werden dürfen. Beim Gehen habe der Mensch darauf zu achten, dass er kein Insekt und keinen Wurm zertrete. Selbst die ganz unmögliche Rücksicht auf kleinste beseelte Bestandteile der vier Elemente Erde, Wasser, Feuer und Wind wird zur Pflicht gemacht.

In dem Āyāraṃgasutta, einer heiligen, ihrem Inhalte nach wohl bis in das 4. Jahrhundert v. Chr. hinaufreichenden Schrift des Jainismus, wird das Ahiṃsā-Gebot in diesen Worten verkündigt:

Alle Heiligen und Ehrwürdigen in der Vergangenheit, in der Gegenwart und in der Zukunft, sie alle sagen so, reden so, künden so und erklären so: Keinerlei Lebewesen, keinerlei Geschöpfe, keinerlei beseelte Dinge, keinerlei Wesen darf man töten noch misshandeln, noch beschimpfen, noch quälen, noch verfolgen. Dies ist das reine, ewige, beständige Religionsverbot, das von den Weisen, die die Welt verstehen, verkündet worden ist.

Die Bekehrung zum Grundsatz des Nicht-Verletzens ist ein beliebtes Erzählungsmotiv in der Jaina-Literatur.

Während er sich unterwegs befindet, um seine Braut zur Hochzeit einzuholen, kommt der Prinz Ariṣṭanemi an mit Tieren gefüllten Käfigen vorbei und erfährt auf seine Frage, dass sie bestimmt sind, zu seiner Hochzeit geschlachtet zu werden. Voller Grauen gibt er die Reise auf und entschließt sich, als Einsiedler im Walde zu leben. Als die Braut davon erfährt, verzichtet auch sie auf das Weltleben, das so viel Leid über die Geschöpfe bringt.
Durch eine Stimme aus der Höhe – die Erzählung findet sich in einem jainistisch beeinflussten Einschub in dem berühmten *Mahābhārata*-Epos – wird dem brahmanischen Einsiedler Jājali kundgetan, dass es in Benares einen Heiligen namens Tulādhāra gebe, der ihn noch übertreffe. Er begibt sich zu ihm und erfährt von ihm, dass ihm zur wahren Vollkommenheit die Übung der Ahiṃsā fehle. In der langen Belehrung, die er ihm darüber erteilt, verwirft der Heilige zu Benares auch die Viehzucht, weil sie nicht ohne Quälen und Töten von Tieren möglich ist. Selbst der Ackerbau sei zu unterlassen, weil

der Pflug die Erde verwunde und viele kleinste Wesen töte. Die wahre Religion und die wahre Sittlichkeit bestünden darin, dass der Mensch ein Freund aller Wesen und auf jede Weise auf die Schonung alles Lebens bedacht sei.

In einer durch Jahrhunderte hindurch geführten Auseinandersetzung mit der Lehre der Brahmanen wirft der Jainismus dieser vor, dass sie nicht genug Wert auf die Ahimsā lege. Einen Einblick in diese Polemik gewährt das berühmte Gedicht *Yogaśāstra*, in dem der dem 12. Jahrhundert n. Chr. angehörende Hemacandra die Jaina-Lehre darstellt. Hemacandra tadelt das den Brahmanen als heilige Schrift geltende Gesetzbuch Manus (das wohl ins 2. Jahrhundert v. Chr. hinaufreicht), dass es in so vielen Bestimmungen gegen das Nicht-Verletzen lebendiger Wesen verstoße: Dieses Lehrgedicht verfaßte Hemacandra auf Wunsch des Königs Kumārapāla, der nach seiner Bekehrung zur Jainalehre (vorher war er Sivaverehrer) der Jagd entsagte und in seinem ganzen Lande das Töten von Tieren, den Genuss von Fleisch und die Tierkämpfe verbot. Wundervoll sind die Verse, in denen Hemacandra die Ahimsā preist:

«In der Wüste Saṃsāra ist Ahimsā wie ein Strom von Nektar.
Für des Leidens Waldbrand ist Ahimsā ein Zug von Regenwolken.
Bestes Heilkraut für die Wesen, die gequält sind von der Krankheit,
Die da heißt des Daseins stete Wiederkehr, ist Ahimsā.»

Über den Jainismus geht der Buddhismus darin hinaus, dass er den Grundsatz des Nicht-Verletzens mit der Theorie, dass alles irdische Sein nur Leiden ist und also allen Wesen Mitleid entgegengebracht werden müsse, in Zusammenhang bringt.

Schon in den Upanishad's taucht neben der eigentlichen brahmanischen Anschauung, dass das in der irdischen Welt verlaufende Dasein verfehlt ist, die auf, dass es aus lauter Leid bestehe. Buddha (525–480 v. Chr.) verkündet also nicht eine durchaus neue Lehre, sondern baut nur eine bereits vorhandene in Vollständigkeit aus.

Dass die irdische Existenz von Grund aus und notwendiger[weise] leidvoll ist, ist, nach Buddha, das einzig mögliche und das einzig nötige Wissen vom Sein. Er gibt die brahmanische Lehre von der Herkunft der Einzelseele aus der Weltseele und ihrer Rückkehr in sie auf, weil sie etwas zu erklären sucht, was unerkennbares Geheimnis bleibt.

Da der Mensch das Wissen besitzt, dass das Dasein aller Wesen in Leiden besteht, so kann er nicht anders, als sein Verhalten zu ihnen durch Mitleid bestimmt sein zu lassen. In den niedrigen Daseinsformen herrscht Mitleidlosigkeit. Die Gütigkeit kommt aus dem Erkennen.

Eine eigentümliche Zwiespältigkeit erhält die Lehre Buddhas dadurch, dass er das Gebot des Mitleids mit dem des Nicht-Verletzens gleichsetzt, obwohl es viel umfassender ist als dieses. Es verlangt ja nicht nur Schonen, sondern auch helfende Tat. Während der Jainismus bei dem Gebote des Nicht-Verletzens verbleibt, nur dass er (und dies in ganz sachlicher Weise) an gütiger Rücksichtnahme, soviel er nur immer kann, in es hineinlegt, schreitet Buddha zu einer allgemeinen Ethik des Mitleids fort.

In dieser Ethik des Mitleids versucht er, ohne sich davon Rechenschaft zu geben, eine Forderung des natürlichen welt- und lebensbejahenden Empfindens mit der unnatürlichen Weltanschauung der Welt- und Lebensverneinung zu vereinigen. Schon dass er dem körperlichen Leiden und dem Freiwerden von ihm eine Bedeutung beilegt, ist ja ein mit seiner Welt- und Lebensverneinung eigentlich unvereinbares Zugeständnis an Welt- und Lebensbejahung.

So reden Buddha und seine Nachfolger zuweilen in so warmen Worten von dem sich in Gütigkeit und Liebe zu allen Wesen auswirkenden Mitleid, dass tätiges Mitleid damit mitgemeint scheint. Alsbald aber stellt sich auf irgendeine Weise heraus, dass es nicht in Betracht kommt.

Wie herrlich klingt doch in der alten, wohl vorchristlichen Legende des Jātakabuches die Antwort des frommen Einsiedlers, dem der Gott Indra Wünsche freistellt!

«Wenn du mir eine Gnad' erweisen willst, Gott Indra,
der Geschöpfe Herr,
So mög' um meinetwillen nie und nirgendwo
ein Wesen Schaden leiden
An Seele oder Leib: Das, Indra, ist der Gnaden beste,
das ist mein Wunsch.»

Der allerhöchste Wunsch, den Wesen möglichst viel Gutes antun zu dürfen, liegt außerhalb seines Gesichtsfeldes.

Buddha ist mit sich selber nicht in Übereinstimmung. Erkennt er einmal dem Freisein von körperlichem Leid Bedeutung zu, so muss er nicht nur das Nicht-Antun von Leid, sondern auch das tätige Befreien von Leid zur Pflicht machen. Aber er steht noch so ganz unter dem Einfluss der überlieferten und in der Weltanschauung der Welt- und Lebensverneinung einzig begründeten Ethik der Tatenlosigkeit, dass er seine Ethik des Mitleids, den in ihr waltenden Instinkten entgegen, auf das im weitesten Sinne verstandene Nicht-Verletzen beschränkt sein lässt. Buddha verbleibt bei der Weltanschauung der Welt- und Lebensverneinung, wenn er auch die brahmanische Lehre, in der sie entstanden ist, aufgibt. Er verbleibt bei der in ihr begründeten Vorstellung, dass wirkliche Erlösung nur in wahrem Wissen von dem Sein zustande kommt. Ein einziges aus dem Mitleid kommendes Tun kann er also gelten lassen: Das Verkündigen des Wissens von der Erlösung.

Dass dieses Überschreiten des Grundsatzes des Nicht-Tuns für Buddha keine Selbstverständlichkeit ist, kommt in der wohl der ältesten Überlieferung angehörenden Erzählung zum Ausdruck, dass er nach dem Empfang der Erleuchtung unschlüssig war, ob er auf Grund der ihm zuteil gewordenen Erkenntnis von der Erlösung zum Nirvāṇa eingehen oder das heilsame Wissen den Menschen mitteilen wollte. Das Letztere wählte er auf Zureden des Gottes Brahman.

Besteht das einzige mögliche Helfen in der Verkündigung des Wissens von der Erlösung, so kann der Mensch eigentlich nur für den Menschen, nicht aber auch für die solche Botschaft nicht verstehenden Geschöpfe etwas tun!

Über die Lehre der Brahmanen kommt Buddha in Wirklichkeit nur an zwei Punkten hinaus: Aus dem von keinem Gefühl begleiteten Anschauen aller Wesen in dem eigenen Selbst und des eigenen Selbst in allen Wesen wird bei ihm Miterleben des Leides aller Wesen; und das bisher einfach gebotene Nicht-Verletzen wird aus dem Mitleid begründet.

Mag das Mitleid bei Buddha in seiner Auswirkung noch so gehemmt sein: Es ist da! Eine Idee des Ethischen, der der Grundsatz des Nicht-Tuns des Bösen nicht genügt, tritt auf. Von der Ethik aus beginnt im indischen Denken Welt- und Lebensbejahung sich mit Welt- und Lebensverneinung, wenn auch erst noch nicht offen, auseinanderzusetzen.

Befremdlich ist, dass Buddha in seinen Reden nur eine ganz allgemeine Lehre des Mitleids mit den Geschöpfen vorträgt. Nie geht er auf die Fragen, zu denen sie Anlass gibt, ein; nie führt er Beispiele an. Auch wird nicht berichtet, dass er sich mit Tieren abgegeben habe. Erst in der Legende tritt er als Tierfreund auf.

Eine der ältesten Buddha-Legenden handelt davon, dass der Meister sich einem hungrigen Tigerweibchen hingegeben habe, um es davor zu bewahren, seine eigenen Jungen zu verzehren.

Diese Legende ist charakteristisch für die von Menschen und Geschöpfen handelnden buddhistischen Erzählungen. Einfache, aus dem Leben gegriffene, wie sie sich im *Kan-Ying-Pien* finden, fehlen in ihnen vollständig. Stets handelt es sich um absonderliche, sich im Bereiche des Märchenhaften abspielende Begebenheiten. Tiere vollbringen Taten großartigsten Edelmuts gegenüber von ihresgleichen oder von Menschen, wobei sich zum Schluss herausstellt, dass sie Inkarnationen von «Bodhisattva's» (das heißt von Heiligen, die die Anwartschaft auf die Buddhaschaft besitzen) sind. Oder Menschen (gewöhnlich auch «Bodhisattva's») vollbringen unglaubliche Taten zur Erlösung von Tieren.

In dem Drama *Nāgānanda* des berühmten Dichters Harsadeva (7. Jahrhundert n. Chr.) erklärt sich ein als Prinz Jimutavahana auftretender Bodhisattva bereit, die Stelle eines Nāgaprinzen einzunehmen, der dem Vogel-Dämon Garuḍa (dem täglich ein Nāga zum Fraß geliefert werden muss) dargebracht werden soll. Als dieser ihn auf einem fernen Felsen zu zerfleischen beginnt, merkt er an der heiteren Gelassenheit seiner in den letzten Zügen liegenden Beute, dass er es mit einem Bodhisattva zu tun hat. Voller Reue will er den Tod im Feuer suchen. Jīmūtavāhana aber belehrt ihn, dass er zur Sühne allem Töten für immer zu entsagen habe.

In ganz besonderer Weise findet sich das buddhistische Gebot des Mitleids mit den Geschöpfen in dem so genannten Mahāyāna-Buddhismus, der in den ersten Jahrhunderten n. Chr. aufkommt, ausgebildet.

Zu den wichtigsten Schriften des Mahāyāna-Buddhismus zählen der *Saddharma puṇḍarīka* («Der Lotus der guten Religion», wohl aus dem 2. Jahrhundert n. Chr.) und der *Bodhicaryāvatāra* («Der Eintritt in den zur Erleuchtung führenden Lebenswandel») des im 7. Jahrhundert n. Chr. lebenden Dichters Śāntideva. Da dieser Buddhismus sich in China verbreitete, sind seine Schriften auch in chinesischer Übersetzung, vielfach nur in dieser, erhalten.

Mahāyāna bedeutet das große Fahrzeug. Dieser spätere Buddhismus behauptet nämlich, dass seine Lehre das große Fahrzeug zur Errettung der Wesen sei, während die des geschichtlichen Buddhismus als das kleine (Hīnayāna) anzusehen sei. Der Mahāyāna-Buddhismus geht über den alten darin hinaus, dass er von denen, die die Fähigkeit zum Eingang in das Nirvāṇa erreicht haben, verlangt, auf es zu verzichten und weiter Wiedergeburten zu erleben, um als Bodhisattva's sich um die Erlösung aller Wesen zu bemühen. Wohl habe Buddha das Nirvāṇa als das einzig zu erstrebende Ziel verkündet, aber nur, weil die Menschen damals noch nicht imstande gewesen seien, die höhere und schwere Bestimmung zu begreifen. Jeder Mensch trage die Möglichkeit in sich, ein Bodhisattva zu werden, und müsse es als höchste Bestimmung ansehen, fort und fort in der Welt als Erlöser aufzutreten.

Die Erfüllung des Sinnes seines Daseins sieht der Mahāyāna-Gläubige also darin, die Vollkommenheit des «großen Mitleids» zu erreichen. Er betet für alle Wesen, dass sie keinen Mangel leiden, von Schmerz und Krankheit verschont bleiben, nicht verlassen und unterdrückt sind, ein glückliches Leben in sündloser Gesinnung verbringen und aus den niederen Daseinsformen in die höheren, die zur Erlösung führen, eingehen. Lange Fürbittengebete dieser Art sind uns in den Mahāyāna-Schriften erhalten. Weil die Frauen unter die niederen Wesen gerechnet werden, wird für sie erfleht, dass sie als Männer wiedergeboren werden. Auch der Ängste und Qual der Höllenbewohner wird in diesen Gebeten gedacht. Das große Mitleid geht nicht nur auf die die Erde bevölkernden Geschöpfe, sondern auf alle Wesen in allen Weltenräumen.

Das höchste Glück, das ihm bestimmt sein kann, sieht der Mahāyāna-Gläubige darin, dass er andern Wesen dadurch dienen darf, dass er für sie leidet. «Solange die Wesen leiden, gibt es keine Möglichkeit der Freude für die, die voll Mitleids sind», heißt es in dem

Bodhicaryāvatāra des Śāntideva. In diesem findet sich auch der Satz: «Alles Leiden in der Welt, das es gibt, möge in mir zur Entwicklung gelangen.»

Dass Menschen Geschöpfe töten, um ihr Fleisch zu essen, geht nach der Mahāyāna-Lehre darauf zurück, dass in ihnen noch Eindrücke eines früheren Raubtierdaseins nachwirken. Sie werden als Angehörige der niederen Kasten, als Wahnsinnige, als Katzen oder als Dämonen wiedergeboren. Auf den Fleischgenuss sollte der Mensch schon deswegen verzichten, weil er ja in die Lage kommen könnte, das Fleisch eines seiner im Tierleibe wiedergeborenen Verwandten zu essen.

In der Sorge um die anderen Wesen geht die Mahāyāna-Lehre so weit, dass sie verbietet, die kräftigste der Zauberformeln gegen Schlangenbiss in Gegenwart einer Schlange auszusprechen, da diese daran sterben könnte.

Das Mitleid mit den Geschöpfen, das der Mahāyāna-Buddhismus so eindringlich predigt, ist aber kein anderes als das des älteren Buddhismus. Wie dieses steht es unter der Herrschaft der Vorstellung der Erlösung als des Freiwerdens von der Wiedergeburt; wie dieses ist es in seiner Auswirkung durch den Grundsatz des Nicht-Tuns behindert, den es nur durch die Empfehlung der Selbstaufopferung für die Geschöpfe durchbricht. Wie viel mehr als solches enthusiastisches Predigen des Mitleids würde es bedeuten, wenn der Mahāyāna-Buddhismus in irgendetwas von dem unnatürlichen Mitleid Buddhas loskäme und ein dem natürlichen Mitempfinden entspringendes sachliches Helfen geböte! Dies aber will er nicht und vermag er nicht. Den Ruhm, Buddhas Lehre vom Mitleid konsequenter und enthusiastischer als der Meister selber zu vertreten, darf er für sich in Anspruch nehmen. Dadurch macht er aber auch ihre Unnatürlichkeit erst recht offenbar.

Die Beispiele der Liebe zu den Geschöpfen sind im Mahāyāna-Buddhismus womöglich noch läppischer als im früheren. Eines der erträglichsten ist noch das vom König Śibi, der sich mit einem Messer die Haut aufritzt, um den Stechfliegen sein Blut als Nahrung zu spenden. Nirgends auch nur die Spur einer Auseinandersetzung mit den Problemen des Mitleids, wie sie sich in der Wirklichkeit stellen. Dass es Fälle gibt, in denen starres Festhalten an dem Grundsatze des Nicht-Verletzens gegen das Mitleid verstößt, weil unterbleibt, was Heilung bringen oder dem unerträglichen

Dasein ein Ende machen könnte, wird nicht erwogen. Unerörtert bleibt auch, dass strengstes Festhalten an dem Grundsatze des Nicht-Verletzens zu rein wörtlicher, seinen Sinn missachtender Befolgung desselben führen kann. Wie groß ist die Gefahr, dass das Töten, das auf Umwegen in der Art bewerkstelligt wird, dass der Verlust des Lebens sich von selber ergibt, nicht als Töten gilt! So meinen, wie wir aus Berichten von Reisenden wissen, die heutigen Bekenner des Mahāyāna-Buddhismus im Tibet, und nicht erst von heute an, dem Nicht-Verletzen Genüge zu tun, indem sie das Schaf durch Zuhalten von Mund und Nase einen qualvollen Erstickungstod erleiden lassen.

Das Bedenklichste aber ist, dass es dem Mahāyāna-Buddhismus mit dem maßlosen Mitleid nicht ganz ernst ist. Er hält es letzen Endes für gegenstandslos. Als die höchste Wahrheit gilt ihm nämlich (was bei Buddha selber noch nicht der Fall war) die Anschauung, dass der irdischen Welt keine Wirklichkeit zukomme. Sie sei nur in unserem Bewusstsein sich abspielender Schein.

Der Buddhismus endet also in der Māyā-Lehre (Māyā bedeutet Illusion), die schon in späten Upanishad's auftaucht und dann von den großen brahmanischen Scholastikern Gauḍapāda (um 750 n. Chr.) und Śasikara (9. Jahrhundert n. Chr.) als die in der brahmanischen Lehre verborgen liegende geheimnisvolle Wahrheit angesehen wird.

Als ob er mit allen Wesen in einer leidvollen Sinnenwelt lebte (wo dies sich doch nur in seinem Bewusstsein abspielt), soll der Mensch sich mitleidig gegen sie verhalten. Für den Mahāyāna-Buddhismus gibt es also, wie er ausdrücklich bekennt, zwei Wahrheiten[:] Eine uneigentliche, in der das Ethische seinen Platz hat, und eine wirkliche, die das Nicht-Sein der Dinge und die sich daraus ergebende Nichtigkeit alles Tun-Wollens zum Gegenstand hat.

Dass er die niedere [Wahrheit] neben der höchsten gelten lässt, rechtfertigt er durch die Erwägung, dass die «Täuschung über die Pflichten» nichts auf sich habe, ja im Gegenteil «wohltätig» sei. Nur die über das Ich, das heißt [über] das Wesen des Seins, sei schädlich.

Dass der Mahāyāna-Buddhismus dem von ihm mit solcher Begeisterung gepredigten mitleidigen Verhalten gegen die Geschöpfe zuletzt dennoch keine wirkliche Bedeutung beilegt, ist nur ein Ausdruck dafür, dass in der Weltanschauung der Welt- und Lebensverneinung das Mitleid eigentlich nichts ausrichten kann, weil ihr zufolge die einzig wirksame Befreiung aus dem Leiden in dem Besitz und der Anwendung des wahren Wissens vom Sein besteht.

In dem späten Mittelalter und der Neuzeit gibt es das indische Denken auf, die Weltanschauung der Welt- und Lebensverneinung in der Ausschließlichkeit zu vertreten, wie es dies in der klassischen Zeit tat. Es unternimmt es, Ideen einer welt- und lebensbejahenden Ethik, die sich von jeher neben ihr erhalten hatten, mit ihr zu verbinden.

Das werktreibende Volk konnte sich nicht an die Ethik der Tatenlosigkeit halten. Es musste aus dem natürlichen Empfinden kommende und auf die Forderungen des Alltags eingehende Vorstellungen von Pflicht und Güte gelten lassen. Welche Höhe diese Ethik erreichte, ist aus so manchen Worten des *Kural*, einer Sammlung von Sprüchen des Webers Tiruvaḷḷuvar, wohl aus dem 2. Jahrhundert n. Chr., zu ersehen.

Etwas an Welt- und Lebensbejahung war auch in der hinduistischen Frömmigkeit vorhanden. Diese begnügte sich nicht, wie der Brahmanismus, einfach festzustellen, dass die Einzelseele mit der Weltseele eins sei, sondern forderte Eins-Werden mit Gott durch auf ihn gerichtete und sich in Tat auswirkende Liebe (Bhakti). Christliche Einflüsse trugen zur Ausbildung dieser religiösen Ethik der Liebe bei.

So kommt im Laufe der Jahrhunderte ein neu-indisches Denken auf, das an der welt- und lebensverneinenden Weltanschauung zwar grundsätzlich festhält, sich aber nicht mit der sich folgerichtig aus ihr ergebenden Ethik der Tatenlosigkeit begnügt, sondern eine viel wärmere und lebendigere [Ethik] in ihr zu Wort kommen lässt. Zu den Schöpfern und Vertretern dieser neuindischen Weltanschauung gehören: Rāmānanda (Ende des 14. und Beginn des 15. Jahrhunderts n. Chr.), der Weber Kabīr aus Benares (Jünger Rāmānada's), Nānak (1469–1539, Jünger Kabīrs), der Dichter Tulsī-Das (1532–1624), Rāmmohun Roy [Rām Mohan Rai] (1774–1833), Keshub Chunder Sen [Keshab Candra Sen] (1838–1884), Dayānand Sarasvatī (1824–1883), Rāmakrishṇa (1834–1886), Devendranāth Tagore (1817–1905) und sein Sohn Rabīndranāth Tagore (1861[–1941]).

Eigentlich hätten diese Denker von der welt- und lebensbejahenden Ethik der Förderung des Lebens aus (soweit sie sie erreichten) sich mit dem Problem Mensch und Kreatur beschäftigen und auf die Fragen, mit denen es die über das Nicht-Verletzen hinausgehende

Gütigkeit gegen die Geschöpfe zu tun bekommt, eingehen sollen. Sie unterlassen es aber. Es genügt ihnen, den ursprünglich nicht ethisch gemeinten brahmanischen Satz, dass der Mensch alle Geschöpfe in seinem eigenen Selbst und sein Selbst in allen Geschöpfen zu erkennen habe, ethisch aufzufassen. Aber das Gebiet dieser grenzenlosen Ethik zu erforschen und die in ihm zu begehenden Wege abzustecken stellen sich nicht als Aufgabe. Sie ziehen nicht in Betracht, dass die Ethik der Gütigkeit gegen alle Wesen, wenn sie tatsächlich über den Grundsatz des Nicht-Verletzens hinausgehen will, damit etwas ganz anderes und viel Schwierigeres wird als vorher und in ein Chaos von Problemen gerät. Ist schon die wirkliche Durchführung des Grundsatzes des Nicht-Verletzens sachlich unmöglich, wie viel mehr noch die des Erhaltens und Förderns alles Lebens. Wo darin innehalten? Wie weit darin gehen? Wie sich mit der beschränkten Möglichkeit abfinden?

Den so schweren Fragen der vollendeten Betätigung der Verbundenheit des Menschen mit den Geschöpfen entgehen die Vertreter des neu-indischen Denkens dadurch, dass ihre Ethik des tätigen Helfens es in der Hauptsache nur mit den Menschen zu tun hat. In der Gütigkeit gegen die Geschöpfe halten sie sich an den hergebrachten Grundsatz des Nicht-Verletzens. Nicht einmal auf die Probleme der Theorie und der Durchführung der Gütigkeit des Nicht-Verletzens gehen sie ein.

Diese Haltung erklärt sich daraus, dass das neu-indische Denken überhaupt nicht darauf aus ist, die Probleme der Weltanschauung bis in ihre letzten Tiefen zu verfolgen. Mit kritischem Ergründen gibt es sich nicht ab. Es ist ganz von der Aufgabe in Anspruch genommen, in die pantheistische brahmanische Lehre von dem Eins-Sein aller Einzelseelen mit der Weltseele die theistisch-hinduistische des Eins-Werdens mit Gott durch die Liebe hineinzulegen und so der Weltanschauung der Welt- und Lebensverneinung, von der es nicht loskommen kann, den Geist lebendiger Ethik einzuhauchen.

Von der so gewonnenen ethischen Weltanschauung aus geben sich die neu-indischen Denker sozialem Wirken hin. Weil sie nicht mehr in der alten kalten Welt- und Lebensverneinung leben, sind sie nicht mehr imstande, bei der ihr entsprechenden, seit Jahrhunderten geübten Gleichgültigkeit und Teilnahmslosigkeit dem Unrecht und dem Elend gegenüber zu verbleiben. Sie treten für das Verbot der Witwenverbrennung, für die Gleichberechtigung der Angehörigen der niederen Kasten mit denen der höheren und überhaupt für die Schaffung besserer rechtlicher und sozialer Zustände ein und machen es dem Einzelnen zur Pflicht, zum Wohlergehen des Mitmenschen und der menschlichen Gesellschaft beizutragen. Die neue Aufgabe, eine Gesinnung des Wirkens aus Menschenliebe ins Dasein zu rufen, nimmt sie so sehr in Anspruch und lässt ihre Aufmerksamkeit so nachhaltig auf den Menschen, die menschliche Gesellschaft und die Menschheit gerichtet sein, dass sie nicht darauf bedacht sind, auch das Verhalten zu den Geschöpfen mit der Forderung der tätigen Liebe in Einklang zu bringen. Was diese angeht, halten sie sich also an die hergebrachte Gütigkeit des Nicht-Verletzens.

Statt die ganze bis dahin geltende Ethik umzugestalten, bauen sie ihr einen Flügel in neuem Stil an.

Interessant ist, dass in dem Glaubensbekenntnis, das [die] Schüler Keshab Candra Sens im Jahre 1878 aufstellen, der Satz vorkommt: «Gott ist der Vater aller Menschen.» Dem indischen Universalismus entsprechend müsste er lauten: «Gott ist der Vater aller Geschöpfe.»

Die Idee von der Verbundenheit des Menschen mit der Kreatur wird in dem indischen Denken nicht bis zu Ende durchgeführt. Zu der letzten Auseinandersetzung zwischen ihr und der Ethik kommt es nicht. Unbeantwortet bleibt die Frage der vollendeten Betätigung der Verbundenheit mit der Kreatur wie auch die der Bedeutung, die dieser Betätigung für das geistige Eins-Werden mit dem unendlichen Sein zukommt.

Und doch, was bedeutet schon dies allein, dass für das indische Denken die Idee der Verbundenheit des Menschen mit der Kreatur von jeher und stets zur Weltanschauung gehört! Eine fundamentale Erkenntnis, zu der sich das sonstige Denken der Menschheit langsam und mühsam vorarbeitet, steht ihm von vornherein fest.

Welche Errungenschaft liegt auch in dem Grundsatze der Gütigkeit des Nicht-Verletzens (Ahiṃsā) vor!

Mensch und Kreatur in der Lehre Zarathustras

Die zwischen 1000 –600 v. Chr. im nordwestlichen [heute: östlichen] Iran entstandene Lehre des Zarathustra deutet das Weltgeschehen als Kampf zwischen dem Reiche des Guten und des Lichts und dem des Bösen und der Finsternis. Das eine steht unter der Herrschaft

Ahura Mazdas (Ormazd; der Name bedeutet der weise Herr), des guten Gottes, das andere unter der Angro Mainyus (auch Ahriman genannt), dem «Geist der Drangsal». Zarathustra offenbart den Menschen, dass sie berufen sind, Mitstreiter in Ahura Mazdas Kampf gegen das Böse zu sein, und tut ihnen die Gebote kund, die [sie] als solche zu befolgen haben.

Von einem Mitempfinden mit allen Geschöpfen kann also in seiner Lehre nicht die Rede sein. Nur gegen die zum Reiche des Lichts gerechneten darf der Mensch gütig sein; die andern muss er zu vernichten trachten. Als dem Reiche des Bösen angehörend gelten insbesondere die Raubtiere, die Schlangen, die Ratten, die Eidechsen, die Schildkröten, die Ameisen und die Mücken. Im Avesta, der heiligen Schrift der Zarathustra-Religion, wird als Buße für gewisse Vergehen das Töten einer großen Anzahl solcher Tiere auferlegt.

Den Geschöpfen des guten Gottes, insbesondere denen gegenüber, die Genossen des Menschen sind, ist jegliches Helfen und Wohltun geboten. Hier handelt es sich um wertvolles Leben, dessen Erhaltung und Förderung höchste Pflicht ist. So zum Beispiel hat der Mensch nicht nur für seinen Hund, sondern für jeglichen, der seiner gerade bedarf, zu sorgen. Ist eine Hündin niedergekommen, so muss der Besitzer des betreffenden Stalles, Pferches oder Ackers sie und die Jungen erhalten. Erwählte sie sich hierfür ein herrenloses Stück Land, so liegt diese Pflicht dem nächsten Anwohner ob. Sechs Monate lang hat er sie und ihre Jungen zu erhalten. Leiden sie Schaden, weil ihnen nicht genug Futter vorgesetzt wird, trifft ihn Strafe. Siebenhundert Schläge mit dem Pferdestachel soll erhalten, wer eine trächtige oder säugende Hündin misshandelt.

Das so hohe Ansehen, in dem der Hund in der Zarathustra-Religion steht, erklärt sich daraus, dass sie ursprünglich nomadische Verhältnisse, in denen er der helfende Freund des Menschen und der Beschützer seiner Herden ist, voraussetzt.

Dass Gott Opfer an Pferden und Rindern dargebracht werden, beanstandet das Avesta nicht. Hierin steht es noch auf dem Standpunkt der Hymnen des Veda.

Was in der Weltanschauung Zarathustras den Menschen dazu bestimmt, den Geschöpfen hilfreich beizustehen, ist also nicht so sehr Gütigkeit gegen sie, obwohl auch diese zur Ethik des Avesta gehört, als die Idee, dass auch ihr Dasein einen Wert in dem unendlichen Sein besitzt. Ein neues, in dem chinesischen und indischen Denken nicht vernehmliches Motiv erklingt. Noch nicht rein: Der dualistischen Weltanschauung entsprechend wird nur das Dasein bestimmter Geschöpfe als wertvoll angesehen. Aber doch ist dies ein Anfang der Erkenntnis des großen Geheimnisses, dass alle Erscheinungen von Leben einen unergründlichen Wert bedeuten, zu dem sich der Mensch in Ehrfurcht zu verhalten hat.

Mensch und Kreatur im jüdischen [und urchristlichen] Denken

Schon in den ältesten Schichten des unter dem Namen des Moses gehenden Gesetzes wird Gütigkeit gegen die Haustiere geboten.

Bekanntlich hat sich aus den kritischen Untersuchungen über das Alte Testament, wie sie Eduard Reuß (1804–1891), Julius Wellhausen (1844–1918) und andere unternahmen, ergeben, dass das Moses zugeschriebene Gesetz nicht von ihm stammt, sondern aus einzelnen, in dem Zeitraum von 750 bis 440 v. Chr. entstandenen und um 400 zu einem Ganzen zusammengearbeiteten Sammlungen von Gesetzen besteht.

Schon in der kleinen, wohl gegen Ende des 8. Jahrhunderts in Israel, dem Nordreich, entstandenen Sammlung, die in dem 21., 22. und 23. Kapitel des 2. Buches Mose (Exodus) erhalten ist und gewöhnlich als «Bundesbuch» bezeichnet wird, finden sich Gebote, die sich auf die Haustiere beziehen. Trifft jemand einen Ochsen oder Esel an, der sich verirrt hat, so soll er, sogar wenn er seinem Feinde gehört, dafür Sorge tragen, dass er wieder zu seinem Herrn zurückkommt (2. Mose 23,4). Sieht er, dass der Esel seines Feindes unter seiner Last zusammengebrochen ist, so soll er ihm helfen, ihn aufzurichten (2. Mose 23,5). Er darf also dem Tier sein Mitleid nicht versagen, auch wenn es seinem Feinde gehört, sondern soll beiden zusammen Liebe erweisen.

Diese Gebote finden sich neben solchen von der Barmherzigkeit gegen die Witwen, die Waisen, die Armen und die Fremdlinge und neben Gesetzen, die die Rechte der Sklaven wahren. Miteinander weisen sie den Einfluss der ethischen Predigt der Propheten Amos und Hosea auf, die um die Mitte des 8. Jahrhunderts im Nordreich wirkten.

In der großen Gesetzessammlung, die in der 2. Hälfte des 7. Jahrhunderts v. Chr. in Judäa, dem Südreich, entstand und 623 v. Chr. unter König Josia als «Gesetz Mosis» verlesen wurde – sie bildet den Hauptbestandteil des 5. Buches Mose (Deuteronomium) und ist unter der Einwirkung der ethischen Predigt des in der 2. Hälfte des 8. Jahrhunderts v. Chr. wirkenden Propheten Jesaja entstanden –, macht sich das Ethische noch stärker geltend als im «Bundesbuch». In der Gütigkeit gegen die Haustiere wird hier so weit gegangen, dass verboten ist, dem Ochsen, der auf der Dreschtenne die Körner austritt, durch Zubinden des Mundes am Naschen zu verhindern (5. Mose 25,4). Er soll nicht im Stroh herumlaufen müssen, ohne zum Lohn für seine Mühe etwas davon erhaschen zu können.

Das sich im Alten Testament bekundende Mitempfinden mit der Kreatur steht noch in den Anfängen. Es bleibt in der Hauptsache auf die Haustiere beschränkt. Wie rudimentär die den andern Geschöpfen entgegengebrachte Gütigkeit ist, wird aus der Bestimmung ersichtlich, dass man den beim Brüten betroffenen Vogel am Leben lassen müsse, ihm aber die Brut wegnehmen dürfe (5. Mose 22,6.7). Aber was bedeutet es schon, dass durch das Gesetz eine so weitgehende Gütigkeit gegen die Haustiere zur Pflicht gemacht ist und damit dem Einzelnen etwas Gewohntes und Selbstverständliches wird!

Das schon im Alten Testament vorhandene, aber sich in ihm nicht voll durchsetzende Gebot der Liebe wird von Jesus zu dem absolute Gültigkeit beanspruchenden Grundsatz menschlicher Gesinnung und menschlichen Handelns erhoben. Wo er so höchste Liebe verkündet, wäre zu erwarten, dass er sie auch in höherem Maße, als es im Alten Testament geschieht, für die Geschöpfe verlangte. Aber er fügt dem, was im Gesetz von der Gütigkeit ihnen gegenüber gesagt ist, nichts hinzu.

Und doch bleibt er auch hier nicht bei dem, was dort festgelegt ist, stehen. Liebendes Verhalten zu den Geschöpfen als solchen ist ihm, wie sich aus der und jener Äußerung ergibt, etwas Selbstverständliches. Wenn in dem Gleichnis vom verlorenen Schaf (Lk. 15,1–7) der Hirte in der Wüste herumzieht, um sein Tier wiederzufinden, so tut er dies nicht, weil es ein Stück Besitz darstellt, sondern weil es liebt und vor dem Schicksal, das seiner in der Wüste wartet, bewahren will. Das Gleichnis ist ja von der Barmherzigkeit Gottes gegen jeden einzelnen Menschen gemeint.

Überhaupt ist Jesus überzeugt, dass Gott wie zu den Menschen so auch zu den Geschöpfen, ja sogar zu den Pflanzen, voller Liebe ist. Der Vater im Himmel ist es, verkündigt er in der Bergpredigt, der die sorglosen Vögel ernährt und die Lilien auf dem Felde herrlicher bekleidet, als es Salomo war (Mt. 6,26–29). Liebe zu Gott hat sich also, der natürlichen Logik der Gedanken Jesu zufolge, nicht nur in Liebe zu den Menschen, sondern auch in der zu den Geschöpfen zu erweisen.

Dass er sich nicht veranlasst fühlt, solches ausdrücklich zur Pflicht zu machen, ist daraus zu erklären, dass er in der Erwartung des alsbaldigen Endes der Welt lebt. Wie Johannes der Täufer verkündet er, dass das übernatürliche Reich Gottes das Reich der natürlichen Welt baldigst ablösen werde und dass die Menschen einzig damit beschäftigt sein sollen, sich durch Buße und Heiligung auf das große Ereignis bereit zu halten. Für diese so kurze Zeit die Menschen in der Anwendung des Gebotes der Liebe zu den Geschöpfen zu unterweisen, erübrigt sich. Es wird ja angenommen, dass sie kaum mehr Gelegenheit haben werden, Gütigkeit gegen sie zu betätigen. Eigentlich bedürfen sie der Hilfe von Seiten der Menschen auch nicht mehr, da das Anbrechen des Reiches Gottes für sie, wie für die Menschen, das Ende der irdischen Existenz und damit jeglichen Leidens bedeutet.

Weil er das Ende der Welt erwartet, führt Jesus die Ethik der Liebe also nicht im Einzelnen aus, sondern tut nur ganz allgemein kund, dass zur Erlangung des Reiches Gottes vollendete Gesinnung der Liebe notwendig sei.

Wie Jesus wird auch Paulus durch die Erwartung des Weltendes davon abgehalten, auf liebendes Verhalten gegen die Kreatur zu dringen, obwohl er voller Teilnahme für sie ist. Wie sehr ihn ihr Schicksal beschäftigt, spricht er im 8. Kap. des Briefes an die Römer aus. Er ist gewiss, dass auch sie berufen ist, an der Erlösung teilzunehmen und aus der vergänglichen Daseinsweise der irdischen Welt in die unvergängliche des Reiches Gottes einzugehen. In seinem eigenen Sehnen nach dem Freiwerden vom Leide vernimmt er das ihre.

Das ängstliche Harren der Kreatur wartet auf die Offenbarung der Kinder Gottes. Sintemal die Kreatur unterworfen ist der Vergänglichkeit ohne ihren Willen, sondern um des willen, der sie unterworfen hat, auf Hoffnung hin, dass auch sie, die Kreatur, von dem Dienste der Vergänglichkeit frei werden soll zu der herrlichen Freiheit der Kinder Gottes. Denn wir wissen, dass alle Kreatur sehnt sich mit uns und ängstiget sich noch immerdar. (Röm. 8,19–22)

Die Ansicht, dass auch die Geschöpfe am Reiche Gottes teilhaben werden, ist Paulus nicht eigentümlich. Er teilt sie mit allen denen, die im Spätjudentum an das Kommen des Reiches Gottes glauben. Sie wie er erwarten nicht, dass der Mensch allein der Unsterblichkeit teilhaftig werde, sondern sind überzeugt, dass die gesamte Schöpfung aus der Vergänglichkeit zur Unvergänglichkeit gelangen wird. Die Erlösung des Menschen ist für sie nicht etwas für sich, sondern ergibt sich aus der Verwandlung der irdischen Welt in die überirdische.

Erwartet wird, dass auch die Pflanzen die irdische Unvollkommenheit ablegen werden. Die Herrlichkeit des Weinstocks im Reiche Gottes schildert die etwa um 80 n. Chr. entstandene spätjüdische Apokalypse des Baruch. Er wird tausend Ranken haben; eine Ranke wird tausend Trauben tragen; eine Traube wird tausend Beeren haben; eine Beere wird ein Maß Wein geben (Apokalypse des Baruch 29,5). Der «Baum des Lebens» vor den Toren des neuen Jerusalem, von dem in der wohl um 70 n. Chr. entstandenen Apokalypse Johannis die Rede ist, trägt seine Frucht jeden Monat (Apokalypse Johannis 22,2).

In der spätjüdisch-urchristlichen Weltend-Erwartung ist also beides miteinander gegeben: dass Paulus in so ergreifenden Worten von der zwischen den Menschen und den Geschöpfen bestehenden Verbundenheit redet und dass er aus ihr keine Folgerungen für sein Verhalten zu ihnen zieht. Wie im indischen Denken steht auch in dem seinen eine aus der Verneinung der natürlichen Welt kommende Vorstellung der Erlösung der Betätigung von Mitleid im Wege.

Durch die Erwartung des baldigen Endes der natürlichen Welt wird das Urchristentum auch davon abgehalten, auf Grund des Gebotes der Liebe die Abschaffung der Sklaverei zu verlangen. Darum bittet Paulus, wie wir aus dem Briefe an Philemon wissen, den entlaufenen und von ihm zum Christentum bekehrten Sklaven Onesimus nicht von seinem Herren frei, obwohl er mit diesem, einem Christen namens Philemon aus Kolossae, gut bekannt ist, sondern sendet ihn zu ihm zurück.

Nichts mit Pauli Gesinnung gegen die Geschöpfe hat seine unglückliche Auslegung des [oben erwähnten] alttestamentlichen Gebotes, dass man dem dreschenden Ochsen das Maul nicht zubinden solle [5. Mose 25,4], zu tun. Er will aus der Schrift beweisen, dass, wer den Gemeinden das Evangelium verkündet, auch das Recht habe, von ihnen seinen Lebensunterhalt zu empfangen. Nach jüdischer Anschauung, in der er auch noch als Christ lebt, gilt etwas als wirklich erwiesen ja erst, wenn es sich aus einem Worte des Gesetzes ergibt. Darum behauptet er im 9. Kap. des 1. Korintherbriefes, dass jenes Wort nicht eigentlich, sondern bildlich gemeint sei und nicht von Ochsen, sondern von den Aposteln und dem Unterhalt, den die Gemeinden ihnen schulden, handle [1. Kor. 9,9.10]. In seinen Briefen finden sich noch andere Beispiele dieser von ihm wie von den Rabbinern seiner Zeit geübten Auslegungsart.

Mensch und Kreatur im antiken europäischen Denken

Das griechisch-römische Denken geht nur insoweit auf das Problem Mensch und Kreatur ein, als es feststellt, was der Mensch mit den Geschöpfen gemeinsam hat und in was er über ihnen steht. Dass er sich mit ihnen verbunden fühlen und sein Verhalten zu ihnen als Problem empfinden könne, wird nicht in Betracht gezogen.

So großartig das antike europäische Denken auch ist, so hat es doch einen merkwürdig engen Horizont, einen viel engeren als das chinesische und das indische. Jahrhunderte hindurch bleibt ihm die Idee der Menschheit fremd. Die ionischen Philosophen des 6. und 5. Jahrhunderts v. Chr., Plato (427–347) und Aristoteles (384–322) setzen sich zwar vor, die Welt und die Stellung des Menschen in ihr zu ergründen. Wo sie sich dann aber mit der Gesinnung und dem Verhalten des Menschen beschäftigen, endet dies immer damit, dass sie das Ideal des Bürgers der Stadt-Republik zeichnen. Nur als Zugehöriger dieses kleinen Gemeinwesens, nicht auch als Glied des ganzen Volkes oder gar der Menschheit kommt der Einzelne für sie in Betracht. Und selbst dies nur, wenn er ein Freier ist. Ist er ein Unfreier, so ist er ein Menschending, das nicht zählt.

Erst der Stoizismus und der Epikureismus, die beiden gegen Ende des 4. Jahrhunderts v. Chr. aufkommen, fangen an, sich mit dem Menschen als solchem abzugeben. Und dann dauert es noch lange, bis die Idee der Menschheit zur Ausbildung kommt und

Bedeutung gewinnt. Dies ist erst im Spätstoizismus bei Seneca (gest. 65 n. Chr.), Epiktet (gest. 138 n. Chr.) und dem Kaiser Marc Aurel, der von 161–180 n. Chr. regierte, der Fall.

Bei der so mühsam und so spät erreichten Idee der Menschheit macht das antike europäische Denken Halt. Die Geschöpfe sind ihm nicht Gegenstand menschlicher Gesinnung. Das gleichgültige Verhalten gegen sie ist ihm etwas so Selbstverständliches, dass es in dieser Sache die von ihm sonst stets gestellte Frage der Vernunftmäßigkeit unterlässt. Mit einem letzten Rest von Barbarentum und Gedankenlosigkeit wird es nicht fertig.

Wohl verkünden auch Thales (624–545), die Eleaten, Anaxagoras (etwa 500–428), Empedokles (483/82–424/23), Plato, Aristoteles und die Stoiker die Lehre von der All-Beseeltheit. Aber sie verstehen sie vor allem dahin, dass das All als Ganzes von der Weltseele erfüllt ist. Die Vorstellung, dass jedes Wesen an der Weltseele teil hat, wird von ihnen nicht so folgerichtig ausgedacht wie von den indischen Denkern. Sie tragen die mit ihr unvereinbare Unterscheidung von vergänglichem und unvergänglichem Sein in sie ein. Statt daran festzuhalten, dass in allem Seelischen ewiges Sein vorhanden ist, behaupten sie, dass die Geschöpf-Seelen sterblich und nur die Menschen-Seelen, in etwas, das sie zur Geschöpf-Seele hinzu besitzen, unsterblich seien.

Nach dieser insbesondere von Plato und Aristoteles entwickelten Anschauung wird also, was im chinesischen und indischen Denken nicht der Fall ist, ein absoluter Unterschied zwischen menschlichem und geschöpflichem Sein angenommen. Der Mensch sieht in den Geschöpfen nur belebte Dinge. Als einzige zwischen ihm und ihnen bestehende Beziehungen nimmt er die an, dass sie, wie alles in der Welt, um seinetwillen da sind. Also urteilen, gegen das einfachste Beobachten und Überlegen, Plato, Aristoteles und die Stoiker. Epikur [342/41–271/70] und andere halten sich von dieser Meinung, wie überhaupt von dem Glauben an eine in der Welt waltende göttliche Vorsehung, frei, wie sie auch die, dass der Mensch unsterblich, die Geschöpfe aber sterblich seien, aufgeben und alles Lebendige für vergänglich halten. Aber der Bedeutung dieser ihrer Feststellung, dass die Geschöpfe, wie der Mensch, um ihrer selbst willen da sind und Eigenwert besitzen, gehen sie nicht weiter nach. Obwohl sie die von andern zwischen den lebendigen Wesen aufgerichteten Schranken niederlegen, fühlen sie sich doch nicht mit den Geschöpfen verbunden und stehen ihnen unfühlend und teilnahmslos gegenüber.

Aber Pythagoras ([etwa] 580–500), der die Seelenwanderung annimmt und den Fleischgenuss und das Töten von Tieren verwirft! Kommt in ihm nicht antikes europäisches Denken, das in tiefer Weise mit dem Problem Mensch und Kreatur beschäftigt ist, zu Worte?

Keineswegs.

Was Pythagoras vorträgt, ist nicht das Ergebnis einer kühn zu Ende gedachten griechischen Vorstellung der Allbeseeltheit, sondern indisches Lehrgut. Dass er Kenntnis von indischem Denken haben konnte, ist nicht zu bezweifeln. Beziehungen zwischen der indischen und der griechischen Welt bestanden schon, bevor griechische Heere unter Alexander dem Großen nach Indien kamen. Überdies wird aus der ganzen Art, in der Pythagoras die Lehre von der Seelenwanderung und vom Nicht-Töten vorträgt, offenbar, dass sie nicht in seinem Denken entstanden ist. Sie steht als etwas Fremdes neben seiner wissenschaftlichen Weltanschauung, der zufolge die Zahl das Wesen aller Dinge ist, und hat auch keinen Zusammenhang mit dem griechischen Lebensideal, zu dem auch er sich, schon durch sein Interesse für die öffentlichen Angelegenheiten, bekennt. Durch die indischen Ideen, von denen er Kunde erhält, wird er bewogen, ein Reinheits- und Heiligkeits-Ideal aufzustellen und eine Ordensgemeinschaft (auch dies nach indischem Muster!) von solchen, die ihm entsprechend leben wollen, zu begründen. Er übernimmt Ergebnisse des indischen Denkens, ohne sich dieses selber zu Eigen zu machen.

Vollends zeigt die Art, in der Empedokles (etwa 490–430 [483/82–424/23] v. Chr.), Plato und andere die von Pythagoras übernommene Lehre von der Seelenwanderung und vom Nicht-Töten vertreten, dass sie sich von dem Denken, mit dem sie eigentlich zusammengehört, keine Rechenschaft geben. So kommt Empedokles dazu, die Wiederkehr der unzähligen Generationen als etwas den Menschen von den Göttern als Strafe Auferlegtes anzusehen, wo sie sich doch nach der ursprünglichen Lehre von selbst und mit Notwendigkeit daraus ergibt, dass das in den Einzelwesen vorhandene Sein in einer Folge von Existenzen den Willen zum Für-Sich-Sein abtöten muss, um die Fähigkeit zu erlangen, wieder im All-Einen Sein aufzugehen.

Wie fern die Vorstellung einer zwischen dem Menschen und [den] Geschöpfen bestehenden Verbundenheit dem griechisch-römischen Denken liegt, wird aus dem antiken Spotte über die Wiedergeburtslehre zur Genüge klar.

Nur von der welt- und lebensverneinenden indischen Lehre der All-Beseeltheit aus ist die von der Wiedergeburt zu verstehen. Von ihr losgelöst ist sie eine welke Blume.

Mensch und Kreatur im Denken des europäischen Mittelalters [bis zur Neuzeit]

Im Laufe der Jahrhunderte wird das Christentum durch die Tatsache des Ausbleibens des Weltendes dazu gezwungen, mit dem Weiterbestehen der irdischen Verhältnisse zu rechnen. Damit kommt die in der Erwartung des baldigen Weltendes gegebene Beschränkung der Betätigung der Liebe in Wegfall. Die Überlegung, dass sich ein auf Bessergestaltung der irdischen Zustände gerichtetes Wirken erübrige, weil sie im Vergehen begriffen seien, verliert ihre Berechtigung. Nun darf die Liebe dem Elend und dem Leid nicht mehr mit der Gewissheit ihres baldigen Aufhörens zusehen, sondern muss sich vorsetzen, ihnen nach Möglichkeit Einhalt zu tun.

Solches Wirken in Liebe nimmt sich das mittelalterliche Christentum aber nicht vor. Seine Ethik ist mehr durch die Vorstellung der Ehrbarkeit der zehn Gebote und durch das Ideal des Vollkommener-Werdens in Welt- und Lebensverneinung als durch Jesu Gebot der Liebe bestimmt. Es lehnt sich nicht gegen die Folter, die qualvollen Hinrichtungen, die unmenschliche Behandlung der Ketzer, die Hexenverbrennungen und überhaupt gegen keine der damals geübten Grausamkeiten auf. Weit davon entfernt, mit der Liebe den Menschen gegenüber Ernst zu machen, kommt es natürlich nicht auf die Frage, ob sie nicht auf die Geschöpfe auszudehnen sei.

Diese Frage zu stellen, liegt dem mittelalterlichen Christentum schon darum so fern, weil bei Jesus nur von der Liebe zu den Menschen die Rede ist. Seine Worte sind ihm Autorität. Die Geschöpfe in sein Gebot mit einbegreifen zu wollen, käme ihm als eine unzulässige Verbesserung der christlichen Wahrheit vor.

Dass Jesus und Paulus aus ihrer Weltenderwartung heraus es unterließen, die in dem Geiste ihrer Predigt der Liebe enthaltene

Gütigkeit gegen die Geschöpfe ausdrücklich zu fordern, wirkt sich in dem Denken des europäischen Mittelalters (und auch in dem der späteren Jahrhunderte) in verhängnisvoller Weise aus. Die Ansicht, dass die Ethik es nur mit den Menschen und nicht auch mit den Geschöpfen zu tun habe, gilt als durch das Christentum sanktioniert. Sie als Gedankenlosigkeit zu erkennen und zu bekämpfen ist auf Jahrhunderte hinaus unmöglich gemacht.

Dem Aufkommen der Gütigkeit gegen die Geschöpfe steht auch die Unsterblichkeitslehre des christlichen Mittelalters entgegen. Diese ist nicht mehr die urchristliche. Mit der Erwartung der baldigen Verwandlung der irdischen in die überirdische Welt gibt das spätere Christentum naturgemäß auch die mit ihr verbundene Anschauung auf, dass die Geschöpfe ebenfalls zur Unsterblichkeit eingehen. Es vertritt die Lehre, dass allein der Mensch eine unsterbliche Seele besitze. Diese Wandlung vollzieht sich unter dem Einfluss des griechischen Denkens. Das Christentum macht sich zu Eigen, was Plato, Aristoteles und die Stoiker von der Sterblichkeit der Geschöpfseelen und der Unsterblichkeit der Menschenseelen lehrten. Durch ihre Autorität bewogen, nimmt es, entgegen der urchristlichen Ansicht, einen absoluten Unterschied zwischen dem Menschen und den Geschöpfen an. Diese gelten ihm, wie den Griechen aus dem Heidentum, nur als belebte Dinge, die um des Menschen willen da sind und keinen Anspruch auf seine Teilnahme haben. Mitleid mit ihnen kommt ihm als ein Versuch vor, den von Gott gesetzten Schranken die gebührende Anerkennung zu versagen.

Wohl tritt im Mittelalter ein Mensch auf, der in tiefer Einfalt seine Verbundenheit mit der Kreatur erlebt: Franziskus von Assisi (1182–1226). Aber er übt keinen Einfluss in dieser Hinsicht auf die Zeitgenossen aus. Dass er dies nicht tut, hat seinen Grund nicht nur in ihrer Verständnislosigkeit, sondern auch darin, dass er ihnen das Problem Mensch und Kreatur nicht wirklich zu bedenken gibt. Auch für sich selbst rollt er es nicht auf. Kraft seiner großen Unbefangenheit erhebt er sich über die Vorurteile seiner Zeit. Etwas von der Wahrheit, für die den andern der Sinn fehlt, wird ihm offenbar. Aber nur etwas. Er ist mit den Geschöpfen mehr in frommem Gefühl als in ethischer Hingebung verbunden. Sie sind ihm vertraute Genossen der Freude an dem von Gott geschenkten Dasein in Licht und Sonne.

Die das Verhältnis des Menschen zu den Geschöpfen betreffenden Fragen überschaut er nicht in ihrer ganzen Ausdehnung. Wie schwer sie sind, wird ihm nicht bewusst. Seine Lebensfreude wird nicht durch Mitleiden mit den Geschöpfen getrübt. Die Verantwortung gegen sie lastet nicht auf ihm. Auch ruft er nicht zur Barmherzigkeit und Gütigkeit gegen sie auf. Nicht einmal seinem Orden macht er Liebe zu ihnen zur Pflicht.

So kommt es, dass das Mittelalter trotz Franziskus von Assisi in seinem engherzigen Verhalten gegen die Geschöpfe verharrt.

Während im Mittelalter die Liebe als eine zur Erlangung der christlichen Vollkommenheit erforderliche Tugend geübt wird, erlangt sie in der Neuzeit die Bedeutung eines Prinzips des auf Bessergestaltung der menschlichen Zustände gerichteten Wirkens. Aus der Verbindung, die die Ethik der Liebe mit der nunmehr aufkommenden Welt- und Lebensbejahung eingeht, empfängt sie neues Leben. Nun beginnt sie sich den Aufgaben zu widmen, die das Christentum alsbald nach dem Hinfälligwerden der Erwartung des Weltendes hätte in Angriff nehmen sollen.

Belebung erfährt die Ethik der Liebe auch dadurch, dass sie unter den Einfluss des Denkens gerät. Während sie bisher über dem Denken zu stehen glaubte, hat sie jetzt die Überzeugung, vernunftgemäß zu sein. Im Laufe von Generationen räumt diese im Denken geklärte und gekräftigte Ethik der Liebe mit der Mitleidslosigkeit und Grausamkeit auf, die das mittelalterliche Christentum geduldet hatte. In unablässigem, im Namen der Vernunft geführten Kampfe erreicht sie es, nach und nach, dass die Folter und die qualvollen Hinrichtungen außer Gebrauch kommen, dass die Ketzerverfolgungen und Hexenverbrennungen aufhören, die Sklaverei und Leibeigenschaft verschwinden. Humanitätsgesinnung kommt zur Macht.

Aber von dem Problem Mensch und Kreatur nimmt die neuzeitliche Ethik noch nicht Kenntnis.

Dass die Renaissance an ihm vorübergeht, ist erstaunlich. Für Giordano Bruno (1548–1600) ist Anfang und Ende alles Wissens über die Welt, dass alles Sein beseelt ist und alle Wesen miteinander am Göttlichen und Ewigen teilhaben. Viel entschiedener und folgerichtiger, als dies je vor ihm geschehen ist, trägt er diese Lehre vor.

Und dennoch: Die Idee der Verbundenheit mit den Geschöpfen findet sich nicht bei ihm. Hat er auch eine viel lebendigere Vorstellung von dem Sein als die Mystiker des Mittelalters und der beginnenden Neuzeit, so geht er doch, wie sie, nur auf das gedankliche

Einswerden mit der vorgestellten Ganzheit des Seins aus. Das unmittelbare und sachliche Einswerden mit dem unendlichen Sein durch hingebendes Verhalten gegen die Wesen, in denen es in Erscheinung tritt, zieht er nicht in Betracht, obwohl seine Lehre von der Allbeseeltheit ihn darauf führen sollte. Die Liebe zum Unendlichen, von der er redet, ist beschaulicher Art.

Giordano lebt also in der Vorstellung der Allbeseeltheit, ohne die Ethik ihr entsprechend zu erweitern.

Auch Michel de Montaigne (1533–1592) und Pierre Charron (1541–1603) erkennen die zwischen dem Menschen und den Geschöpfen bestehende Wesensverwandtschaft an, ohne die sich aus ihr für die Ethik ergebenden Folgerungen zu ziehen.

Die mittelalterliche Ansicht über Mensch und Kreatur erneuert René Descartes (1596–1650). Sein System zwingt ihn dazu.

Descartes wendet sich von der in der Renaissance aufkommenden sachlichen Betrachtung der Natur ab. An die Stelle der lebendigen Wirklichkeit setzt er Begriffe von körperlichem und geistigem Sein (substantia externa; substantia cogitans). Diese erlauben ihm nicht, das Leben als eine geheimnisvolle Einheit von Körperlichem und Geistigem aufzufassen. Er muss also behaupten, dass alles körperliche Geschehen von selbst, ohne Einwirkung von Geistigem, abläuft. Was wir für geistig halten, sei in Wirklichkeit nur Begleiterscheinung von körperlichem Geschehen.

Mit Ausnahme des Menschen, behauptet Descartes, haben alle Geschöpfe nur körperliches Dasein. Die Empfindungen und geistigen Regungen, die wir an ihnen wahrzunehmen glauben, sind bloßer Schein. In Wirklichkeit sind die Geschöpfe nichts weiter als von Gott verfertigte Automaten. Nur der Mensch verhält sich, vermöge seiner Seele, in Wirklichkeit denkend und empfindend.

Mitleid mit den Tieren ist nach Descartes also gegenstandslos, weil sie als seelenlose Wesen nur scheinbar, aber nicht in Wirklichkeit Schmerz fühlen. Man darf mit ihnen also nach Belieben verfahren.

Durch diese von der Autorität seines Namens getragenen törichten Behauptungen und überhaupt durch seine Verständnislosigkeit für das Geheimnis des Seins und die Probleme der Ethik trägt Descartes viel Schuld daran, dass im 17. Jahrhundert nicht auch das Problem Mensch und Kreatur zur Verhandlung kommt.

Weil er nicht unter dem unheilvollen Einfluss Descartes' steht, sondern die Naturphilosophie der Renaissance erneuert, verkündet Graf Shaftesbury (1671–1713), wie Giordano Bruno, die Lehre von der Allbeseeltheit. Aber auch seine Ethik ist nur mit dem Menschen und der menschlichen Gesellschaft beschäftigt.

Wirkliches Interesse – zum ersten Male im neuzeitlich europäischen Denken! – bringen den Geschöpfen die Engländer Samuel Clarke (1675–1729) und William Wollaston (1659–1724) entgegen. Allen lebendigen Wesen Mitempfinden zu bezeigen gehört ihnen zufolge zum vernunftgemäßen ethischen Verhalten. Der Bedeutung, die der Verbundenheit mit der Kreatur für die Weltanschauung zukommt, gehen sie aber nicht weiter nach.

Obwohl David Hume (1711–1776) das Ethische aus dem natürlichen Mitempfinden begründet, bleibt er in dem Kreise der Menschenliebe eingeschlossen. Er hält nämlich die Voraussetzungen für das Sympathisieren nur dann für gegeben, wenn es sich um in jeder Hinsicht gleichartige Wesen handelt.

Auch für Kant hat es die Ethik eigentlich nur mit den Pflichten des Menschen gegen den Menschen zu tun. Die «menschliche» Behandlung der Tiere sieht er nur als eine Übung der Empfindlichkeit an, die unserem teilnehmenden Verhalten gegen Menschen förderlich ist. Weil er sie als geboten empfindet und sie doch in seiner nur auf den Menschen und die menschliche Gesellschaft eingestellten Ethik nicht wirklich unterbringen kann, hängt [er] sie ihr in dieser Weise an.

Weiter als Kant geht der englische Ethiker Jeremy Bentham (1748–1832). Zwar bewertet auch er die Gütigkeit gegen die Geschöpfe vornehmlich als eine Übung ihrer Betätigung gegen Menschen. Aber es finden sich bei ihm auch Stellen, wo er sie um ihrer selbst willen fordert. Zur Vorstellung einer wirklichen Verbundenheit des Menschen mit der Kreatur erhebt er sich ebenso wenig wie Kant.

Fichte (1762–1814), Hegel (1770–1831), Schelling (1775–1854), Schleiermacher (1768–1834) und die in ihrer Bahn wandelnden Denker jener Jahrhundertwende geben dem Problem Mensch und Kreatur keinen Raum in ihren Systemen.

Goethe aber, der sich nicht, wie sie, über die Natur erhebt, sondern sich in sie versenkt, hat ein Empfinden für es. In seiner schlichten, tiefen Art äußert er sich über es in dem Gedicht «Die Spinne» (*Westöstlicher Divan*, Buch der Sprüche):

Als ich einmal eine Spinne erschlagen,
Dacht' ich, ob ich das wohl gesollt?
Hat Gott ihr doch wie mir gewollt
Einen Anteil an diesen Tagen!

Goethe ist von dem Geheimnis berührt, dass jedes Wesen, so unscheinbar es auch ist, einen Wert bedeutet. Aus einer Regung von Ehrfurcht vor dem Leben beanstandet er das gedankenlose Schädigen und Vernichten von Leben.

Als erster europäischer Denker – er legt Wert darauf, dass ihm dieser Ruhm zuerkannt werde! – nimmt Arthur Schopenhauer (1788–1860) die Idee der Verbundenheit des Menschen mit der Kreatur wirklich in die Weltanschauung auf. Er bringt sie aber nicht mit der neuzeitlichen Welt- und Lebensbejahung in Zusammenhang, sondern begründet sie aus indischer Welt- und Lebensverneinung. Wie Buddha hält er für die einzig sichere und einzig notwendige Erkenntnis die, dass alles individuelle Sein notwendigerweise und von Grund aus leidvoll ist. Der Mensch, dem sie aufgegangen sei, werde durch sie in ein Mitleid mit allen lebendigen Wesen hineingezwungen.

Ohne es sich einzugestehen, predigt Schopenhauer aber ein wärmeres und lebendigeres Mitleid als das, das sich aus dem indischen Denken über das Sein ergibt. Wie bei Buddha, nur in viel stärkerem Maße als bei diesem, kommt bei ihm neben dem Mit-Leiden mit allen Wesen, wie es sich aus der pessimistischen Vorstellung von dem Sein ergibt, auch dem unmittelbaren Empfinden entsprungenes und den Trieb zum Helfen in sich tragendes natürliches Mitleidig-Sein zu Worte. Wo er so aus dem Herzen zum Herzen redet, steht ihm ein erschütterndes Pathos zu Gebote.

Aber gegen die Tatsache, dass das Mitleid in der welt- und lebensverneinenden Weltanschauung keine wirkliche Bedeutung hat, vermag Schopenhauer ebenso wenig etwas wie die indischen Denker. Bei ihm, wie bei ihnen, ist jede Bemühung, einem Wesen sein irdisches Los in irgend etwas zu erleichtern, ja eigentlich unangebracht, da die ihm einzig taugende Befreiung von Leid die ist, die es sich durch das Ertöten des Willens zum Leben selber bereitet.

Von der gefährdeten Stellung des Mitleids in der welt- und lebensverneinenden Weltanschauung geben sich diejenigen, die sich um die Mitte des 19. Jahrhunderts zu Schopenhauer bekennen, keine

Rechenschaft. Sie begrüßen es als einen großen Fortschritt, dass endlich ein Denker sich zum Mitleid bekennt und gütiges Verhalten zu allen Wesen als etwas Selbstverständliches fordert. Weil ihr Empfinden solcher natürlichen Ethik zustimmt, finden sie sich in die mit ihr verbundene unnatürliche Weltanschauung der Welt- und Lebensverneinung.

Schopenhauer macht das europäische Denken also auf das Problem Mensch und Kreatur und seine Bedeutung für die Weltanschauung aufmerksam. Aber es nachhaltig und tief zu beeinflussen vermag er nicht, weil es auf die welt- und lebensverneinende Weltanschauung, in der er seine Ethik vorträgt, nicht wirklich eingehen kann. So bleibt das europäische Denken auch nach Schopenhauer dabei stehen, die Forderung der Gütigkeit gegen die Geschöpfe neben einer nur mit dem Verhalten des Menschen zu dem Menschen und der menschlichen Gesellschaft beschäftigten Ethik aufzustellen.

Dass der Mensch sich um das Wohlergehen der Geschöpfe kümmert, erklärt Charles Darwin (1809–1882) als ein Nebenergebnis des sozialen Triebes des Menschen. An sich hätte es dieser zwar nur mit dem Mitmenschen zu tun. Die starke Ausbildung, die er im Verlaufe so vieler Generationen erfahre, bringe es aber mit sich, dass die Menschen auch die Geschöpfe als zu ihnen gehörig ansähen und sich wohlwollend zu ihnen verhielten.

Wilhelm Wundt (1832–1920) hingegen legt Wert auf die Feststellung, dass die Ethik es nur mit dem Menschen zu tun habe. «Das einzige Objekt des Mitgefühls ist der Mensch» heißt es in seiner *Ethik*. Tieren gegenüber können in uns nur Regungen entstehen, die dem Mitgefühl einigermaßen verwandt sind. Dass man ihnen Raum gebe, beanstandet er nicht. Aber große Wichtigkeit legt er ihnen nicht bei.

Eigentlich sollte das neuzeitlich europäische Denken durch die merkwürdige Tatsache, dass es etwas, das dem natürlichen Empfinden als durchaus ethisch vorkommt, in seiner Ethik nicht unterzubringen vermag, dazu geführt werden, diese als zu eng zu beanstanden. Schon durch Schopenhauer hätte es zur Überlegung angeregt werden sollen, ob ein sich auf alle Wesen erstreckendes Prinzip des Ethischen überhaupt der Weltanschauung der Welt- und Lebensverneinung entspräche. Aber einen Umbau der bisherigen als befriedigend angesehenen Ethik vorzunehmen, nur um die Gütigkeit gegen die Geschöpfe in ihr unterzubringen, statt sie ihr anzubauen, wird als ein zu weit gehendes Unternehmen angesehen.

Ein einziger Versuch wird in dieser Richtung unternommen. In seiner *Grundlegung der Ethik als positiver Wissenschaft* (Berlin 1897) stellt der Berliner Arzt Wilhelm Stern [1871–1938] als das fundamentale Gebot der Ethik dieses auf, dass der Mensch es nicht nur unterlasse, lebendige Wesen, außer wenn er durch die Notwendigkeit dazu gezwungen wird, zu schädigen und zu töten, sondern sich auch bemühe, ihnen nach Vermögen beizustehen und ihr Dasein zu fördern.

Diese Gesinnung erklärt er daraus, dass die lebendigen Wesen der verschiedensten Arten durch unzählige Generationen hindurch miteinander um ihre Existenz gegen die Naturgewalten kämpfen mussten und in gemeinsamer Not ihr egoistisches Verhalten gegeneinander aufgaben. Durch dieses Milliarden von Generationen hindurch sich wiederholende Erlebnis wird ihre Psyche bestimmt, was bei dem Menschen, als dem entwickeltsten unter ihnen, am stärksten der Fall ist.

Während Darwin aus der ständig gemeinsam erlebten Bedrohung des Daseins den gleichartige Wesen zusammenhaltenden Herdentrieb herleitet, entwickelt sich bei Stern aus ihr eine Solidarität mit allen Wesen.

Dass Stern die universalistische Ethik durch eine in mehr denn einer Hinsicht anfechtbare entwicklungsgeschichtliche Theorie zu erklären sucht, statt sie in unmittelbarem Nachdenken des Menschen über sich selbst und die Welt entstehen zu lassen, ist ein Fehler. Auch bleibt er dabei stehen, ihr Grundprinzip zu verkünden, statt sie im Einzelnen auszuführen und auf die sich dabei ergebenden Probleme einzugehen. So erklärt sich, dass das Gegenstück der Ethik Schopenhauers nicht die ihm gebührende Achtung findet.

Überhaupt ist das ausgehende 19. Jahrhundert nicht mehr in der Lage, dem Bemühen um eine auf alle Wesen bezogene Ethik Verständnis entgegenzubringen, da es sich von der Humanitätsgesinnung abwendet. Herbert Spencer (1820–1903), Eduard von Hartmann (1842–1906), Friedrich Nietzsche (1844–1900) und andere wollen es nicht mehr gelten lassen, dass die Ethik sich aus dem Mitempfinden herleite und sich die Beförderung der Glückseligkeit zum Ziele setze. Der Mensch dürfe sich in seinem Verhalten nicht durch Gefühle bestimmen lassen, sondern müsse seine höchste Aufgabe darin sehen, mitzuhelfen, dass das, was die Natur mit dem Menschen vorhat, sich verwirkliche. Nun lehre ihn die unvoreingenommene Betrachtung der Dinge, dass die Natur nicht das Glück der einzelnen Individuen wolle. Ihr Leiden und ihr Vernichtetwerden mache ihr nichts aus. Nur darauf komme es ihr an, dass in diesem Entstehen und Vergehen zahlloser Individuen und in ihrem Glück und Leid eine Höherentwicklung des in ihnen verkörperten Seins stattfinde. Dementsprechend müsse der Mensch sich als beste Gesinnung und als bestes Tun vorsetzen, nicht das Glück und das Wohlergehen dieser und jener Menschen, sondern die Höherentwicklung des Menschen als solchen zu fördern.

Worin diese Höherentwicklung eigentlich bestehen soll, wissen Spencer, von Hartmann, Nietzsche und die andern zwar nicht recht zu sagen. Die einen sehen das Ideal darin, dass der Einzelne in einer vollendet organisierten Kollektivität die beste Entwicklungsmöglichkeit findet, die andern darin, dass die die höchste Vitalität besitzenden Einzelpersönlichkeiten sich gegen die Masse durchsetzen. Dementsprechend legen die einen dem Menschen das Verhalten auf, das ihrer sozialwissenschaftlichen Theorie von der höchst erreichbaren Organisation der menschlichen Gesellschaft entspricht, die andern dasjenige, das das Aufkommen des höheren Menschentypus möglich machen soll.

Ein Denken, das schon das Mitempfinden mit den Menschen nicht als wertvolles Motiv der Gesinnung gelten lässt, muss natürlich das mit den Geschöpfen vollends für unangebracht erklären.

Wohl erhält sich neben diesem von der Humanitätsgesinnung abfallenden Denken auch noch solches, das sie hochhält. Aber auch dieses verliert die Fähigkeit, auf das Problem Mensch und Kreatur einzugehen. Mehr und mehr beschränkt es sich nämlich darauf, sich mit den Werten, die die Kultur ausmachen, zu befassen und den Menschen auf sie zu verpflichten. Diese vom Ende des 19. Jahrhunderts an sich ausbildende «Wertphilosophie» gibt die Ethik des Mitempfindens und der Liebe preis. An ihre Stelle setzt sie die Hingabe an das, was für die Erhaltung und Vollendung der menschlichen Kultur als notwendig erkannt wird. Sie lässt den Menschen also nur mit seinem Verhältnis zur menschlichen Gesellschaft, nicht auch mit dem zur Welt beschäftigt sein. Darum mutet sie ihm auch kein Besinnen über die zwischen ihm und den Geschöpfen bestehenden Beziehungen zu.

So verliert das neuzeitliche europäische Denken zuletzt noch das Wenige, was es an Interesse und Verständnis für das Problem Mensch und Kreatur besaß. Die Forderung des ethischen Verhaltens des Menschen gegen die Kreatur zu vertreten, überlässt es den Angehörigen der Tierschutzvereine. Und diese predigen nur Mitleid mit den Tieren, ohne auf die Schwere des Problems der Verwirklichung des Mitleids einzugehen ... Mitleid mit aller Kreatur. Die Universalität des *Kan-Ying-Pien* ist nicht erreicht.

QUELLENNACHWEISE

Die Textauszüge beruhen vorwiegend auf der fünfbändigen Ausgabe *Gesammelte Werke*, C. H. Beck München 1974 (abgekürzt GW) sowie auf der mehrbändigen Ausgabe *Werke aus dem Nachlaß*, ebenfalls bei C. H. Beck München 1995 ff. Bei Quellenstücken, die aus GW verwendet wurden, werden der jeweilige Titel, sein Erscheinungsjahr, die Bandzahlnummer (römisch) und die Seitenzahlen (arabisch) genannt. Bei Textauszügen aus den *Werken aus dem Nachlaß* werden das Thema des Textes, das Jahr der Ersterscheinung, der entsprechende Nachlassband mit Titel, Erscheinungsjahr und Seitenzahlen genannt. Wo Passagen des Originaltextes gekürzt oder übersprungen wurden, stehen jeweils drei Punkte. Zusätze der Herausgeber stehen in eckigen Klammern.

Autobiographische Texte

S. 16: *Das Gebet des Kindes*. Aus: Aus meiner Kindheit und Jugendzeit, 1924, GW I, 275

S. 16: *Du sollst nicht töten und nicht quälen!* Aus: Ebd., 275–278

S. 19: *Auf der Suche nach dem sittlichen Grundprinzip*. Aus: Die Entstehung der Lehre der Ehrfurcht vor dem Leben und ihre Bedeutung für unsere Kultur, 1966, GW V, 179 f., 181 f.

S. 23: *Förderung und Errettung von Leben*. Aus: Aus meinem Leben und Denken, 1931, GW I, 239 f.

S. 25: *Alles Leben ist heilig*. Aus: Ebd., 241–244

Berichte aus Lambarene

S. 28: *Ankunft in Afrika*. Aus: Zwischen Wasser und Urwald, 1921, GW I, 333

S. 29: *Verzicht auf Jagd*. Aus: Ebd., 382 f.

S. 30: *Der Pelikan*. Aus: Schreibmaschinentext (ohne Datum) im Zentral-Archiv Günsbach. Die Überschrift – von Schweitzers Hand – lautet: «10 Jahre ‹Pelikan› von Hannover». – Johann Zürcher hat uns diesen Text zugänglich gemacht, wofür wir ihm herzlich danken.

S. 31: *Mitgefühl auch mit den kleinsten Tieren*. Aus: Briefe aus Lambarene 1924–1927, 1955, GW I, 667 f.

S. 32: *Von unseren Tieren in Lambarene*. Aus: Albert Schweitzer und die Tiere. Hrsg. vom Schweizer Hilfsverein für das Albert-Schweitzer-Spital in Lambarene, Vevey 1979, 5–13, 15 f.

Predigten

Philosophische Texte

Mensch und Kreatur in den Weltreligionen